おひとりさまの断捨離

やましたひでこ

光文社

はじめに——おひとりさまとひとりぼっち

「ひとりで」と「みんなで」と、
そのどちらを好むかと問われれば、
私は、こう答える。

ひとりでいることのほうを好むかな、と。

家族とは、「きずな」か「しがらみ」か、
そのどちらかと問われれば、
私は、こう答えるに違いなく。

「きずな」以上に「しがらみ」のほうが大きいのではないのかしら、と。

それにしても思う。
おひとりさまとは、どんな状態を指すのだろう。

親がいない。
配偶者がいない。
子どもがいない。

結婚をしていない。
子どもを産んでいない。
離婚している。

親はいるけれど、
一緒に暮らしてはいない。

配偶者はいるけれど、
別々の暮らしを選んでいる。

子どもはいるけれど、
すでに独立を果たしている。

加えて、死別という、私たちが避けては通れない道もある。

そう、おひとりさまもそれぞれさまざまで、
けれど、それは事情ではなく、そういった事実に今いるだけのこと。

そして、さらに思うことはこれ。

そのおひとりさまの状態を、
自ら望み選んでそうしたのか。

思いも寄らないことでそうならざるをえなかったのか。
その違いで、きっと心持ちも異なってくるはず。
そして、さらに、さらに思うことはこれ。

ひとりで暮らしていても、
繋《つな》がっている存在がいるのか、いないのか。
ただ単に「ひとり暮らし」であるのだと思っているのか。
それとも、まったく自分を「ひとりぼっち」だと感じているか。

この違いこそが、大きな分かれ目となって、自分自身と自身の人生の有《あ》り様《よう》が決まっていくのです。

独居とは、孤独ではなく。
孤独とは、独居だからでない。

家族と共にあっても、
孤独感に苛《さいな》まれている人はとても多くて、
同居、即ち、孤独感の解消とはならないのですね。

そこには家族という関係が孕《はら》む依存と支配がある。

面倒で、
厄介で、
鬱陶《うっとう》しい。

という、もう一つの側面。

それは、実のところ、
家族という関係だからこそ生じる「だから」という価値観。

夫だから
妻だから
夫婦だから

親だから
子だから
家族だから

そうやって、私たちはお互いに、
家族に対して自分の期待を投げつけ合うのが大抵《たいてい》のこと。

そして、家族は機能不全へと向かっていく。

だとしたら、
そう、だとしたら、

おひとりさまであれ、ひとりぼっちであれ、
ひとりの生活という事実には、
厄介《やっかい》な家族が存在しないという大きな利点がある。

利点

それを数え上げていくことが、
それを思い起こしていくことが、
なにより、それを自分でつくり上げていくことが、
断捨離の目論見《もくろみ》でもあるのです。

さあ、あなたも、ひとりを自由に楽しめる自分づくりを。

そうすれば、あなたも私も、きっと。

皆と集《つど》うことも、
皆と集うときも、
皆と集う場も、

また、自在に楽しめる自分となるのでしょうね。

もくじ

第2章 「おひとりさま」ケーススタディ

第3章 多拠点生活のすすめ〜おひとりさまの意識縁の育み方 125

第5章　おひとりさまの人間関係の断捨離

カバーデザイン／松沢順一郎
本文デザイン／石川直美
構成／林美穂
イラスト／窪田麗子

——第1章——

おひとりさまこそ、愉快にいきいき暮らそう

人はみな孤独なもの

私たちは、誰しもがおひとりさまと言えます。

物理的にも、いま家族といても、誰もがひとりになる確率はとても高いもの。離婚してひとりになる、パートナーと死別する、親や子どもはいるが音信不通になるなど、人生誰も予測などできません。

しかし、**私は独居イコール孤独とは考えていません**。

たとえ、家族がいても、恋人がいても、友人がいても、「私は孤独だ」と感じる瞬間はないでしょうか？

私自身、まだ大学生だった頃、「人がいても孤独だ」ということを身に染みて体験したことがあります。

3年生になると勉学への興味が薄れてほとんど通わなくなった時期がありました。1、2年の教養課程で親しくなった友人とはどんどん疎遠になり、4年になって学部に戻ってみたら、彼らは3、4年でつくった新しい友人と仲良くしていて、私は蚊帳《かや》の外。人間関係がすでに壊れていたということで、学生はうようよといるのに、「私は誰ひとり知らない」「誰とも話せない」と感じた日々。ケアのない人間関係は容赦なく変わる。周りに人がいても人間は孤独になる。それが今の私の原点にあります。

ただ、これまでのご縁をケアしていくことも大切だけれど、長い人生においては、時間の経過とともに、自分も変わるし、相手も変わる。**出会いと別れを繰り返しながら、その時々の縁ある人との関係をクリエイトしていく姿勢が、生きていく限り絶対必要**だと考えるようになったのです。

血縁・地縁はすでに機能していない

独居に寂しさを感じる人もいれば、「気楽でいい」と感じる人もいます。

「気楽でいい」と言いつつ、時に寂しくなったり、老後のことを心配したりして、不安な気持ちを抱え込んでいる人もいます。

ひとりでいると、なぜか心のすき間に入り込んでくる「寂しい」という気持ち。その根本にある意識は何か。

それは、私たちの根っこにある血縁と地縁。それらが生む人間関係が意識の中で大きなウエイトを占めていて、それが人生の基盤であると思い込んでいるのです。

しかし、**血縁や地縁で結ばれた人間関係がすでに破綻しかけている**ことは、みなさんどこかで気づいているのではないでしょうか。このようなデータがあります。

夫が働いて収入を得て、妻は専業主婦、子どもは2人の4人世帯——この家族構成が「標準世帯」と呼ばれ、家計の税や社会保障の給付・負担などを計算する上でのモデルケースとして扱われることがしばしばあります。しかし実際は、この世帯は全世帯数の5％にも満たない。

1位は「無業のひとり世帯」(16・95％)、2位は「有業のひとり世帯」(15・65％)、といわゆる〝おひとりさま〟が相当の割合を占めているのが現実なのです(大和総研「総世帯数の5％にも満たない『標準世帯』」2018年7月10日のレポートより)。

さらに言えば、戸籍上「家族」という体裁を取っていても、実際はバラバラに暮らしている。家の中で何年も口を利かず、機能不全の家族も多い。それを加味したら、じつに過半数はおひとりさまと言っても過言ではないでしょう。

つまり、**すでに「家族」という関係が機能していない社会に入っているのに、ベースは「家族」という社会規範に従って私たちは生きている**。

そのために、おひとりさまでいることは「寂しい」「恥ずかしい」「強がっている」などという目を向けられて、窮屈な想いをしている人もいるのではないでしょうか。

「無縁」を恐れる私たち

2010年の流行語大賞に「断捨離」がノミネートされて、その授賞式に参加したときのことです。

トップ10の中にNHKのドキュメンタリー番組のタイトル「無縁社会」がありました。それは「血縁者がいないこと＝〝無縁〟の人」という前提でつくられていた番組です。

実際に、血縁者がいないと「天涯孤独」と言ったりしますし、そう理解している人も多いでしょう。

血縁に加えて、私たちには、「地縁」という人間関係があります。

地方に行くと、今も強固な繋がりが残っている地域を目にします。たとえ独居していても代々ずっと同じ土地に暮らし、隣近所見知った人ばかりのコミュニティに住んでいる人は「地縁がある」人。家族同然の付き合いで、家を行き来していたりします。

一方、都会ではよくあることですが、独居で「隣近所に誰が住んでいるかよく知らない」となると「地縁がない人」となるでしょう。

社会的には血縁と地縁の2つがないことが、「無縁」と認識されています。

血縁と地縁への甘えが生む残酷な現実

けれど、この血縁と地縁は、残念ながらいいことばかりではありません。

家族だから、夫だから、妻だから、親だから、子どもだから……。そう聞くと、「だから、何？」と私はつい言いたくなってしまう。なぜなら、ずいぶんと遠慮会釈《えしゃく》もないことを互いにしてしまうものだから。

「友人に対してだったら決して言わない暴言や嫌味を家族に吐く」「躾《しつけ》と称して子どもに手を挙げる」など、不幸な暴力的行為は後を絶ちません。

友人というのは、常に友情を育むために、私たちは互いを気遣い、不断の努力をしているものです。それをせずとも家族が成り立っているのが不遜《ふそん》なこと。**「家族だから大丈夫」という甘えがある**のです。

それにもかかわらず、家族がひとりもいないと無縁と認定される。そして、「無縁」と呼ばれるたくさんの人たちが、年末年始になるとひとりで過ごし、寂しい想いをしている現実。外には人がいっぱいいるのに、ひとり閉じこもって肩身の狭い思いをしている。私はそこに疑問を抱かずにいられないのです。

血縁・地縁はそんなに価値があるものなのでしょうか。問い直しがないまま、社会だけが成熟してしまったと感じます。

必要なモノやサービスが満たされ、ライフラインが提供されていれば、血縁や地縁という共同体に属さなくても人は生きていけます。生き方が多様化し、物事の価値や判断を個人が行ない、個人が責任を負う状況へと変化してきているのに、未だ血縁・地縁に縛られているのです。

血縁と地縁を超えた「意識縁」を育もう

血縁・地縁は何よりも優先される最上位の縁であり、守るべきもの。本当にそうなのか？　血縁や地縁というものに高い価値を置くから、そうなっているだけではないだろうか。いっそ、その前提を変えてしまえば、決して無縁社会などという悲しいことを言わなくてすむのです。

つまり、血縁や地縁に代わる「縁」をもっていたら、決して無縁とは言えなくなるでしょう。人と人との繋がりは血縁や地縁だけではない。誰もが等しくもっている縁があるはず。そう思ったときに、意識の縁、「意識縁」という言葉が浮かんだのです。

実際「夫といるより、友だちといるほうがいいわ」という女性は多いものです。**夫婦は正確には、血縁ではありませんが、家族が血縁関係の大本と考えたら、夫婦は血縁のベー**

スともいえます。そこが破綻している家族がじつに多いことは、あなたもご承知でしょう。私に寄せられる相談もほとんどがそれです。

気心が知れた友だちという繋がりは、血縁や地縁から比べたら刹那《せつな》かもしれません。一方、血縁や地縁は強固な繋がりかもしれないけれど、そのしがらみが苦しいものであるならば、あなたの大事な人生をそこを中心にすることで、あなたは本当によいのでしょうか。

血縁・地縁を中心とした社会がもはや崩壊しているのだとしたら、それがあってもなくても、それを超えたオープンマインドをもった者同士で交流していけたら素敵なこと。

独居であろうと単身であろうと、もっと言えば、血縁・地縁がうまく機能しているとしても、ひとりの自立した人間として、他者と、友人・仲間と思える人たちと意識の縁を繋いでいく。

人間はもともと誰しもがおひとりさまであり、孤独かもしれないけれど、それを受け入れた上で、一人ひとりが意識縁で繋がっていく意識をもつ。それが、自立したおひとりさまの暮らしのスタートだと思うのです。

ひとりをいかに生きるか

血縁・地縁から卒業した意識をもったとしても、次に上ってくるのが、友人の問題です。

仕事があったりして社会と繋がっている間はまだいいのです。

仕事を引退すると、人との繋がりが薄れ、独居となって、今まで感じたことのないような深い孤独を味わう人もいます。

主婦業、子育て、介護、自分の仕事や家庭を中心に生きてきたけれど、すべてから解放されておひとりさまになったとたん、何をすべきかわからなくなりひとり取り残されたような孤立感に苛まれる人もいます。


「ひとりでいかに生きるか」と考えると、肩に力が入って、いばらの道が待っているかのように身構えてしまいます。

「ひとりをいかに生きるか」。ちょっとした焦点の当て方の違いで、ひとりで過ごすことも、仲間と過ごすことも、どちらも面白くなります。

ひとりの時間も、仲間との時間も両方楽しむ。それくらいの楽な気持ちでいこうじゃありませんか。

友だちだって、たくさんいる必要はありません。どうぞ「友だち百人できるかな」の歌の呪縛《じゅばく》からは一刻も早く解き放たれてください。

お手本であるべき職員室の先生方の机はぐちゃぐちゃだったり、教職員同士のいじめも起きたりしているのに小学1年生の教室には「みんな仲良く」「整理整頓」と書いてあります。私たちは幼い頃から、そんな欺瞞《ぎまん》の中で過ごし続けているのかもしれません。

私の考えでは、いつでも連絡できるような気の置けない友人は3人もいれば十分。それも入れ替わり、立ち替わりで構わない。

そのときそのときで良好な人間関係が築ければ、孤独感に苛まれることはないでしょう。「たまたま会った人だけど、いい話ができた。面白い人がたくさんいるなあ」。そんなふうに感じられる豊かな時間が、おひとりさまには必要です。

断捨離で、人が自然と集まる「空間づくり」を

「血縁・地縁が一番」

「人脈が多いほどよい」

その2つの思い込みをいかに外していくか。**それを外せた者同士が出会うことで、新しい縁、つまり意識縁ができ、新たなステージが生まれていきます**。

これからの私たちが、意識縁で繋がっていくのだとしたら、自分がどんな意識で毎日を過ごしていくか。そこを疎《おろそ》かにはできません。

意識をクリアにするには、断捨離で住まいをクリアにしていくこと。

「空間づくり」は不可欠です。

たとえば、公園で会うお散歩仲間ともっとお話ししたいけど、近所にカフェもない。そんなとき、「家でお茶していかない？」と言えたらそこから新しいご縁が始まるかもしれません。

その空間があれば、おひとりさまでも仲間と気兼ねなく交流できて、寂しいなんて思わない。そして、空間の広がりには自然と人が集ってくるようにもなります。

「気軽に人を呼べる家にする」というのは、おひとりさまにとって、大きなアドバンテージ。これから断捨離をする方は、まずそこを念頭に置くのもよいでしょう。

家の状態はあなたの心を表しています。「家に人を呼ぶ」というのは、あなたの心の中をありのままに開示しているとも言えます。

だからこそ、家が古かろうが狭かろうが、それに囚《とら》われず、「来て来て」「ちょっと寄って」と言えることは、自己肯定感を高めることに繋がります。自己肯定感が高いことは、人生を肯定的に受け止めて前進させていく力にもなるものです。

しかし、空間に人を招き入れるほどパワフルな力があることを、ほとんどの人が知りません。

それでいて、モノに溢《あふ》れた雑然とした部屋で暮らし、「これでは人なんて誰も呼べない。寂しい」と言っていたりするのです。

人との縁が育まれる空間を、断捨離でつくっていきましょう。

物心両面から断捨離を進めることで、作業もはかどり、人生に新たな流れが生まれてきます。それは自分の意識改革でもあるのです。

「誰にも迷惑をかけない」と突っ張る必要もありません。

「今日泊まりにくれば？」「ご飯を食べて帰ってよ」「今日行っていい？」「今度うちに来てよ」

と、気軽に声をかけられる。

行きたくない日は、「ごめんね。今日はひとりでいたいわ」と断ることもちゃんとできる。

お互いさまで、気楽なおひとりさま生活ができたらいいと思いませんか？

私と夫との関係はまさにそれです。現在はそれぞれ自立したおひとりさまで暮らしていると言えます。

「今日そっちに行くから」「そうか」と互いに言い合うような関係なのです。

「夫婦は一緒の家に住むことが当然」。この前提を断捨離すれば、それぞれがおひとりさまとして、新たな関係性が機能し始めるのです。

「空間」は新たな縁を呼び込む力がある

断捨離で実際に行なうことは、今の自分にとって不要・不適・不快と判断したモノを捨てることです。それによって、拾えるものがいっぱいあることを知ってください。

一番面白いのは、空間の広がりを手にできること。

それがどれほど自由で、豊かであるか。それは、物理的な部屋のキレイさを手に入れて、いつでも人をお招きできるというメリットだけではないのです。

「空間」という余白ができると、人は目の前のことに追われる生活から脱し、未来に向かって働きかける思考になっていきます。

目の前の空間はまるでまっさらなキャンバスになり、新たに描きたいことが、さらには、まったく思いも寄らなかったことが、浮かび上がってくるのです。

広がりを取り戻した「空間」には、必ず新たな縁がやってきます。自分の人生を新たにクリエイトする原動力になるのです。

私自身、55歳のときに、断捨離を広く伝えるべく活動を始めました。一般的には、定年が目前で、老後の身の振り方を考える人が増えるであろう年代からのスタートでした。

それまでは夫の両親と同居し、介護の経験、周りの人のためという生活でしたが、断捨離を実践することで生き方に大きな展開があり、今なお拡大し続けています。

活動を始めた当初は、自宅のある石川県と東京を往復する日々。ホテル暮らしを約3年続け、やがてマンションを借りて念願のひとり暮らしを始めました。

ひとり暮らしというのは、じつに自由で気楽なものですね。狭い広いに関係なく、自分だけの城を、誰にも邪魔されることなく、自分が好きなように扱えるのですから。

しかし、それができないという人が多くいます。せっかくの自分だけの自由な空間なのに、不快な環境に、不快な感情で過ごしている。

家族から注意されることがなく、だらしない生活になってしまっているケースもあるでしょう。

自分以外、誰もいないので、誰かが掃除をしてくれることもなく、汚い部屋はいつまでも汚いまま。やがて〝汚部屋《おへや》〟にしてしまう人もいます。

それが誰にも咎《とが》められないのをいいことに、さらにゴミ屋敷化してしまえば、より自堕落におちいっていくことでしょう。

不要なモノは「出す」ことが人間の基本

部屋に収納というモノの居場所はつくるけれど、自分の居場所がなくなっている人がじつに多いものです。

そのままモノを溜め込み続け、年齢の分だけモノが増えて、いずれ手に負えない量のモノに埋もれて暮らすことになるのです。

未だモノで溢れる「大量生産」「大量消費」社会に生きている私たちは、適度なペースで家のモノを排出しないと、すぐに身動きが取れなくなってしまいます。

もし自分の部屋、ないし家が自分の体だとしたら……。そう捉えてみてください。

私たちの体は新陳代謝を繰り返しています。もし食べるばっかりで、排泄《はいせつ》できなかったらどうなりますか？　便秘が続いてお腹にたまった毒素は、ふたたび体内に吸収されて、血液を汚し、万病の原因となると言われています。「出せない」ということは、体全体に悪影響を及ぼすのです。

これは家にも当てはまることです。**家にも排泄（排出）が必要で、不要なモノはその都度出していかないと家中が淀んでいく**。便秘で排泄ができない日が続くと食事もしたくなくなります。つまり、入れることも難しくなる。家も同じで、新しいモノを受け入れることが困難になっていくのです。


ただ、ゴミというのは、24時間いつでも出せるものではありません。分別をしなくてはならないし、粗大ゴミやリサイクルゴミなどは行政へ連絡したり、粗大ゴミ回収シールを用意したり、手間がかかります。

それが面倒で、家の中にゴミ集積場をつくってしまう。それが戸棚、押し入れ、納戸やクローゼット、もっといくと開かずの間のひと部屋になったりと。

家の中で不要なモノ、つまりゴミを移動させているだけでは、「排泄」にはなりませんね。体に置き換えたら、病気まっしぐら。詰まって命に関わることになるのです。

不要なモノは「出す」ことが大事なのです。

おひとりさまは、自分の始末を自分でつける覚悟を

不要なモノを溜め込まずに出すことを、習慣にすることが大事です。

とくに、ひとり暮らしの人は、代わりにやってくれる人がいないわけですから、清々《すがすが》しい居住空間づくりは、自らの意思で実践しなければなりません。

家族で暮らしていると、「ちょっとは片づけたら」と言われることもあり、しぶしぶながらも動いたりするもの。

ひとり暮らしというのは、自由で気楽なぶん、お尻を叩《たた》いてくれる人もいない。何事も自分の始末は自分でつけていく必要があります。そのため、それを習慣づけるに至らず、志半ばで挫折したり、リバウンドしてしまう人が多いのも事実です。

いかに自分を律して、本当の意味で自立していけるか。そこがもっとも大切なことです。

「今」の自分に必要なモノを見極める力をつけよう

誰しも最初は「必要だ」「これ好き」「気に入った」と惹《ひ》かれて、モノを買います。でも半年、1年経ったらそうでもなくなることがよくあるでしょう。そのときどうするか。

「一回しか着ていない服」「3年に一度しか出番がなかったキャンプ道具」「一度も使っていない高価なボーンチャイナのお皿」「読みかけのまま1年経った本」……。

それらにもうあまり興味がないけれど、「また使うときがくるかも」と理由をつけて、戸棚の奥に追いやってしまう。

自分が心変わりしていることを正直に認めることが後ろめたくて、捨てるのは忍びないと押し入れやクローゼットの奥にしまい込む。そしてまた新しく惹かれたモノを買う……その繰り返しをしている私たち。

モノに対する自分の心変わり。それをいかに受け入れて、対処するか。それが断捨離です。

この見極める力を育むことで、モノはもちろん、考え方や人間関係においても自分に必要なモノを選び抜き、そうでないモノは始末をつけていくことができるのです。

断捨離をお片づけ方法の一つだと思っている方がいますが、本質は違います。

「**断捨離は、捨てるに非《あら》ず。また片づけに非ず**」

そう私は常々お伝えしています。なぜなら、断捨離とは、目の前の形のあるモノを扱っているようで、本当に扱っているのは、そのモノにくっついている自分自身の意識だからです。

人は過去にこだわり、未来への不安に囚われている

これは、現在ひとり暮らしをしている人に限った話ではありません。

たとえば、大きな一戸建てから子どもが巣立ち、夫婦二人になり、どちらかが亡くなってひとりになり、モノが減った、家がキレイになった、という人は本当に少ないものです。

実家を出た子どもの部屋の荷物をそのままにしている人もいます。亡くなった方の想い

出の品の数々を捨てられない人も多い。

なぜ、もう不要だとわかっていても捨てられないか。

ひと言で言えば、モノで心を埋めているからです。

「あんなことがあった」「こんなことがあった」という想い出の数々。

「こんな立派なことをした」「こんなに努力した」という過去の栄光。

また、「もう買うことができないかも」「いつかまた使うかもしれない」という未来への不安と期待の思いをモノで埋めている。

「今ここ」にいる自分がどうありたいか、どう過ごしたいかということよりも、「過去へのこだわり」と「未来への囚われ」に心が向いていて、モノを捨てられないのです。

自分軸で「いる」「いらない」を選ぼう

モノを捨てるかどうか考えるとき、私たちは「使える」「使えない」というモノ軸で判断する傾向があります。

しかしそれだと、「まだ使える、着られる」となるモノが大半で、捨てることに罪悪感を覚えずにいられない。「もったいない」「忍びない」「後ろめたい」と悩んで、結局捨てられずに、抱え込むのです。

大切なことは、**モノ軸ではなく、自分軸で「必要」「必要ない」を捉える**ことです。

使わないからといって、想い出の品や、人からいただいたモノを潔く捨てていく行為が、冷酷に思えたり、モノを粗末にしているように感じる方もいるようです。

私たちはモノを大切にすることを美徳と教育されてきたので、そう思うのは、ある意味当然です。

毎日眺めるほどお気に入りの品を手放す必要はもちろんありません。気持ちの整理がつくまで、もっていてもいいのです。

しかし、クローゼットの奥でふだんは忘れ去られたままになっているような〝放置〟は、本当にモノを「大事にしている」といえるでしょうか。

同じ場所にいるのに、存在を忘れ去られてしまうことほど辛《つら》いことはありませんね。

たとえ、**大切な人の形見であっても、見向きもされず戸棚に押し込まれていたら、モノも寂しい思いをしているはず**です。

開かずの間やモノがギュウギュウに詰め込まれた押し入れを開けると、何とも言えない沈んだ重たい空気を感じませんか。

湿気を帯びてカビまで生《は》えたその臭いは、見捨てられたモノたちが放つ、悲しみの気です。形見であれ、なんであれ、ただ保管しているというだけでは、モノを本当の意味で大切にしているとは言えないのです。


人からいただいたモノも同様です。贈り物をいただいてなぜ嬉しいかと言ったら、モノそのものよりも相手の気持ちを受け取るからでしょう。**いただいたときの嬉しい気持ちは本物で、それは有難く受け取ったなら、すでに贈り物はその使命は果たしている**とも言えます。

モノそのものはあいにく趣味に合わず、必要ないのであれば、手放してもいいのでは。「コレ、好みじゃないのよね」と言いながら、押し入れに突っ込んだままにしているほうが、よほど贈り物をしてくれた相手に失礼なことですね。

断捨離は「今」を生きるためのトレーニング

「そう言葉でいうのは簡単よ」。そう思われた人もいるでしょう。おっしゃるとおりで、長年もち続けたモノほど捨てるのが難しくなります。モノに情が移るからです。思い入れのあるモノなら、なおさらでしょう。

本質的に人の思考は、過去と未来を行ったり来たりしています。**私たちは「今」この瞬間を生きているのに、「今」だけを見ていることはほとんどありません**。それがモノを捨てられない最大の理由です。

私たちは、「昔はよかった」「もっとこうすればよかった」「あのときは大変な想いをした」「あの人にあんなことを言われた」など、過去に意識を向けてそのときの想いを飽きることなく反芻《はんすう》するもの。

「こんな高価なモノ、もう買えないかもしれない」「大災害が起きたらどうしよう」「上手くいかなかったらどうしよう」「早くメールの返事がこないかな」「連絡がないのは私のことを怒っているからかも」など、考えても仕方がない未来を想像して不安を大きくしていくもの。

過去にこだわり未来に囚われてしまうのは、無意識下で、「人によく思われたい」「他人から見て幸せに思われたい」「失敗することは許されない」「人の期待に応えなければならない」……。このような思い込みがあり、それが行動の前提になっているからです。

しかしそれがストレスや不安や心配、寂しさ、後悔などを生み、生きることの困難に繋がっています。

まずはそこに気づくことからです。想い出を大事にすることや、未来に備えることも必要ですが、執着や不安を増幅させてしまっては、大切な「今」のあなたを生きることはできません。

想い出の品であっても、贈り物であっても、何もかも抱え込んでおく必要はなく、時間の経過とともに関係が希薄となったモノたちにきちんとお別れを告げていく。

これまでは、これまで。これからは、これから。今は、今。

断捨離は、その気づきと行動を促すトレーニングになります。

目の前のモノに目を向けて、「今の私に必要なモノか」「今の私の生活に潤《うるお》いを与えてくれるモノか」を問い直すことで、「今」に意識を戻すことができます。

断捨離をお稽古だと思って、日々、今の自分に必要なモノを選び抜き、後は手放す。

そうやって「今」の自分を生きる時間が少しずつでも増えていくと、自分が人生で大切にしたいものは何なのか、生きる目的は何なのかを、断捨離を通じて知ることができるでしょう。そして、人生はより楽しくごきげんなものに変わっていく。それが本当に自立して自分自身を生きることに繫がります。

人生のステージとおひとりさま

人生というスケールでモノの量の変遷《へんせん》を辿《たど》ると、興味深いことがわかります。

インドの古い教えには「四住期」という4つのステージがあります。「学生期《がくしょうき》」「家住期《かじゅうき》」「林住期《りんじゅうき》」「遊行期《ゆぎょうき》」です。

親の庇護《ひご》のもと大人になっていく「学生期」。
社会で生きることを全《まっと》うする「家住期」。
自分の精神性を高める「林住期」。
一か所に留まらず奉仕活動をする「遊行期」。

この4つを断捨離の視点で区切ってみるとこうなります。

「学生期」は、散らかし期。たくさんのモノに触れ、アクティブに散らかすことで世界を広げ、理解していきます。散らかすのは子どもの仕事なのです。

「家住期」は、突っ込み期。生活の変化に合わせてモノが著しく増えます。片づけたくても働き盛りで仕事に追われ、子どもは散らかし期だったりもしますから、家にいる母親は丁寧に対応する余裕はなく、収納という収納にモノを突っ込んでしまいます。

突っ込み期のモノが堆積《たいせき》したままで、モノが溜め込まれていく溜め込み期が「林住期」です。

そして、本来の「遊行期」とはほど遠く、最後はモノに埋もれて人生の終末を迎えていく〝埋もれ期〟となります。

これが現代人のモノとの付き合い方の変遷。どこかで区切りをつけない限り、自然とモノの量は増える一方なのです。

現代の私たちに当てはめると、およそ50代までが「家住期」となります。

「家住期」は自活、結婚、出産、子育てなど人生のイベントが目白押しの時期。離婚や親が亡くなったりしておひとりさまになる人が増えるのも「家住期」の後半、50代が多いのではないでしょうか。

そのような慌ただしい生活を送る現代人は、自分と外の世界との折り合いをそう簡単につけられるわけがなく、自己の精神性を高めるという本来の「林住期」にすんなり移行できる人はまずいません。他者奉仕のために生きることが軸になる「遊行期」となれば、ごくわずかといっていいでしょう。

つまり、単身である人も、いつそうなるかもしれないおひとりさま予備軍の人も、この先の自分をいかに生きるか。自由になる時間の増える「家住期」の終盤が分かれ道。そのまま溜め込み期に移行し、抜け出せずモノに埋もれていく人がどれだけ多いことか。

現代人は、「家住期」の後に、社会的な役割から自分を取り戻す「自在期」が必要だと私は考えました。

断捨離で〝おひとりさま人生〟をクリエイトしよう

人生100年時代と言われながら、希望をもって受け止めている人はほぼいません。

セミナーで、「人生100年時代は楽しみですか？」とうかがうと、期待して受け止めている人はほんのわずかです。「不安のほうが大きいかしら？」と訊《き》くと、みなさん大きく頷《うなず》きます。

それはそうでしょう。「2人にひとりはガンになる」「年金は破綻する」「みんなひとりで死んでいくらしい」「死後数か月経って発見された」というような、脅しとも取れる情報に煽《あお》られているのですから。そこでどうすべきか多くの人が迷い、前に進めずにいます。

「ひとりの私はどうしたらいいの」

「いつ独居になるかわからない私は、何をしておけばいいの」

まず自分を取り戻す時間「自在期」を自分に与えましょう。

未来はどうなるか誰にもわからないのです。

ならば**人生の最期まで自分はどのように生きていきたいか、何をしていきたいのか**。

断捨離で空間をクリエイトするがごとく、人生を見つめ直す。そして、不安ではなく希望を思い描きながら人生をクリエイトしていきましょう。

——第2章——

「おひとりさま」ケーススタディ

断捨離を実践する仲間たちの中から、おひとりさまライフを自分らしく歩んでいる人たちのお話をお届けします。

体験を語ってくれた人たちは、立場や置かれている状況はそれぞれ違いますが、断捨離を通して、自分軸を取り戻し、自分の人生を再構築しています。あなたの気づきになりましたら嬉しいです。

① 大澤ゆう子さん

群馬県（断捨離トレーナー）
60代　お掃除会社経営

40代で身内の死を相次いで経験。断捨離のおかげで「ひとりもまたいいもの」と思える境地に

私がひとり暮らしを始めたのは、次男が独立した4年前からです。今は、断捨離のトレーナーとして、またお掃除のプロとして、経験から得た知恵を仕事に活かすことをライフワークに充実した日々を送らせていただいています。

そもそもお掃除の仕事を始めたのは、子どもたちがまだ小学生の頃でした。これから学費もかかるし、自分のお小遣いも欲しい。そんな軽い気持ちからでした。それから今日まで約40年お掃除の仕事を続けています。

●この世を去る者のお手本を最期に見せてくれた父

私に転機が訪れたのは、40代。大切な人たちを相次いで亡くしたことや、私自身が病気をしたことです。

所属していたお掃除会社から独立するために研修で関西に滞在していた頃、父が危篤になったと連絡があり、その翌週に亡くなりました。

何でも父頼みだった母と、まだ社会人になったばかりの弟は、狼狽《うろた》えるばかり。結局、葬儀屋さんの手配から遺品整理まで私が主導することになりました。

ただ、父は非常にマメで、貴重品は整然とファイルにまとめられ、どこに連絡すればいいかが一目瞭然《いちもくりょうぜん》。父は数年前から体調を崩していたこともあり、自分の死期を悟っていたのかもしれません。通帳、クレジットカード、土地の権利書などの不動産関係の書類、年金手帳、友人知人のアドレスなど、残された人のことを考えた始末のつけ方をしておいてくれた。残された人のことを考えたその行為に、父の人間としての誠実さや深い優しさ、愛情を感じました。それはその後、事あるごとに私自身の「在り方」への貴重な問いかけになりました。

●夫に先立たれ、42歳で未亡人に

父の身辺整理が落ち着いて、涼しい風に秋の気配を感じ始めた頃、病気知らずだった夫の体に異変が起こりました。

夫は喉がやけに渇《かわ》く、何かかじりたくなると言って氷をガリガリ食べていた。その姿が奇妙だったので、急《せ》かして病院に行かせたところ、小腸の一部、空腸《くうちょう》にがんが発見されたのです。私は医師に呼び出され、夫の余命は1年半と宣告を受けました。

頭の中は真っ白。我に返って最初に気にかかったのは、息子たちのことでした。息子は高校3年と中学3年。私ひとりで二人を一人前にできるか。不安が募《つの》りました。そして、誰にどこまで本当のことを話すかにも頭を悩ませました。義理の両親や自分の母に伝えなきゃと思ったけれど、本当のことを言ったところで動転するばかりであろうことは、長年の付き合いで想像がつきました。だから、始めは本当の病名を伏せて「腸の病気」とだけ伝えました。

ただ、日が経つにつれ、自分ひとりで真実を背負うことが辛すぎて、押しつぶされそうになって。これから自分が働いて稼いでいかなければならない。そのためにも、長男に真実を打ち明けました。彼は受験を控えていたので、伝えるべきか葛藤《かっとう》しましたが、私の想いと現実を冷静に受け止めてくれて。結果的にともに頑張ることができたことに、感謝しています。

余命を宣告されたところで、その通りになると私は思っていませんでした。絶対に回復すると信じて、病院、仕事、家事と駆けずり回った日々……。しかし、入退院を繰り返しながらも、弱っていく夫……。抗がん剤の副作用で、野球で鍛えた逞《たくま》しい筋肉は見る影もなくなり、2年弱の闘病の末、45歳で亡くなりました。そのとき、私は42歳でした。

●前を向くために、夫の遺品を断捨離

夫の四十九日を過ぎた頃から、私は夫のモノを続々と処分しました。「置いていかれた」「ずいぶん早く逝《い》っちゃった」「私に全部押し付けて」「これからどうしよう」……。夫のモノを見ていると、悲しいだけではなく、いろいろな感情がとめどな

リビング：掃除の基本は、掃く、拭く、磨く。古い家でもフローリングをワックスがけしてピカピカにすると清潔感がアップ。ワックスは滑りやすい印象があるかもしれませんが、現在のワックスはむしろ滑り止めの効果もあります。

玄関は非日常の場です。シューズボックスの上などについモノを置きたくなりますが、ドアを開けたとき、一切余計なモノが目に入らないようにして、余白の美しさを際立てるようにしています。スリッパも不要。その代わり床をピカピカにしてお迎えします。

く湧《わ》いて、夫の遺影に文句をブツけた夜が何度あったことか。

洋服ダンスを開ければ夫のスーツがある。下駄箱を開ければ靴がある。夜、外で車の音がすると帰ってきた気がして、玄関のほうを振り向く自分がいるのです。もうお骨《こつ》になっているのに……。

このままではいけない。凹《へこ》む気持ちに囚われ続けたら、自分がズルズル沼の中に引きずり込まれてしまう。だからバンバン夫のモノを捨てたのです。

夫がよく着ていたナイロンのジャンパーも、着る人がいなければただの抜《ぬ》け殻《がら》。モノはモノだと割り切って捨てました。

捨てることを最後まで悩んだ遺品は、白い野球帽でした。夫が週末に少年野球の指導者をしていたチームのものです。

夫は一時退院の許可が出たときもそれを被《かぶ》り、一度グラウンドに寄ってから家に帰ってくるほど、そのチームや野球を愛していました。

ただその野球帽も何年か前に「もう捨てよう」と思う瞬間が自然にやってきて。

私も息子たちも前に進んでいる。でもあるとき、その野球帽だけが時が止まっているように見えたのです。夫の大事なモノであることは事実だけれど、被る人がいないのに、どうしてまだもっているのか。そんなふうにさえ感じました。

夫が亡くなったときは、我が家にはまだお墓がありませんでした。今では不要だったかもしれないと思うのですが、夫が最後の最後に「お墓……」と口にしたこともあって、急いでお墓をつくりました。

そのときに、ご住職にいくらかお包みしたのですが、家の事情をご存じで、受け取っていただけなかったこともありました。大金でもないのですが……。そのとき、ご住職がかけてくださった言葉をよく思い出します。

「亡くなった人はあちらでちゃんとお釈迦《しゃか》様が導いてくださる。現世を生きている人のほうが大事ですよ」と。まったくその通りだと思うのです。

●夫との間にあった「きずな」が思い出せれば生きていける

今、夫のモノは、私たちの結婚式のときの写真、週末に少年野球の指導者をしていたときの写真、子どもたちと一緒の写真、３枚しか残っていません。

亡くなった方の遺品や、大切な方から譲り受けたモノを捨てられないというご相談をよく受けますが、早く手放そうと焦る必要はなく、自分の腹が決まるまで待っていいとお伝えしています。

時間という〝日にち薬〟が手放すことができるようにしてくれるときが必ずやってくる。外部から、「もう捨てなさい」「前を向きなさい」「メソメソしなさんな」と言われても、自分で決められないのであればそのままでいい。無理に手放すと自分が傷つくこともあります。

私の場合は親子三人の生活があり、すがっている場合ではなかった。だから、モノを捨てました。それが前を向く行動力になったのも事実です。

ただ、気持ちの上で、本当に落ち着くまでは何年もかかりました。

庭に蝶々がやって来たのを見て、「お父さん来たのかしら」とふと思う。そんな穏やかな気持ちになれたのは、三回忌、七回忌と時間が経ってからのこと。それまでは、視界に夫のモノが一切なくても、ふと寂しさに襲われることもありましたから。

戸棚クローゼット：戸棚の中央の仕切りを取り外し、クローゼットに変身させました。すべての衣料品や下着類、バッグやアクセサリーをここ1か所だけにまとめています。

シャンプーや石鹸など、バスルーム用品は置きっぱなしにしません。銭湯方式を採用し、小さな洗面器に必要なモノをその都度持ち込みます。イスもバスタブのフタもなし。出るときにさっと掃除がしやすく、すぐ洗えばカビや滑《ぬめ》り、こびりつきも発生しません。常に清潔に保てます。

時間が経って何が一番大事か、わかったことがあります。それは夫と自分との間にあった「きずな」です。二人の間には確かにきずながあったことを私が覚えている。ラブラブな夫婦だったわけではないけれど、最後の1年の間に、草津に旅行に行くことができたり、近所に出歩いたりして、凝縮した楽しい1年が過ごせたと思っています。二人で過ごした想い出や、二人の間にあったきずなが、自分の中にあれば生きていける。私は夫が魂となった今でも、私が思い出すことできずなを結び続けているのです。

●断捨離との出合いが、第二の人生のターニングポイントに

夫の一周忌が終わった頃、腹部に耐えきれない痛みを感じて病院へ行くと、子宮や卵巣が腫《は》れて癒着《ゆちゃく》もしており、ひどい状態になっていました。

私にまでもしものことがあったら、息子たちを路頭に迷わすことになる。すぐ全摘出手術を受けました。

その後、義理の父が急逝《きゅうせい》、義理の母も認知症になり程なくして亡くなりました。

こうして、わずか数年の間に、近しい人が次々にこの世を去っていったのです。

私たち人間は、死亡率100%。必ず死ぬ運命にあります。タイミングもわかりません。だとしたら、死ぬまでの間をどう生きるか。相次いだ身内の死は、私に大きな問いかけをくれました。

「最期の日まで私ができること、したいことはなんだろう？」

振り返ってみるとそれはお掃除に関わること。生活環境を美しく整えて、いかに楽しく気持ちよく暮らすかを伝えることが、私の使命だと気づいたのです。

ちょうどその頃、断捨離と出合いました。2010年に、やましたひでこの処女作『新・片づけ術　断捨離』を本屋さんで立ち読みしたのがきっかけです。

それは、お掃除をライフワークにすると決めた私の生き方を左右する大きなターニングポイントになりました。

そもそもお掃除の仕事はしていましたから、お客さまに掃除のノウハウを訊かれれば、いくらでもその技術をお伝えできました。ただ、家にあるたくさんのモノたちをどう扱えばよいか。いつもその答えに詰まっていました。モノが少ないほうが掃除自体、もちろん楽になります。とはいえ、お客さまに「モノを捨てなさい」と堂々と言うことは失礼な気がしていたのです。

だったら収納をご提案しようか。そう考えて整理収納アドバイザーの資格を取ろうとも考えましたが、モノ自体が減っていかないと収納グッズばかりが増えていく。しかもどこにしまったか、わからなくなる。結果、モノが出しっぱなしになる……。そんな悪循環に陥る家庭を、うんざりするほど知っていました。

根本的に、片づけられない、捨てられないという人が多い。私はそれに対応する学びが必要だと思っていました。

片づけの際、いかにモノを取捨選択し処分するか。断捨離は、私の長年の問いに的確な解を与えてくれたのです。

●婚礼家具を断捨離して、母へのわだかまりを手放せた

じつは、夫のモノは捨てられたけれど、私は自分のモノはまったく捨てられなくて。近しい人を何人も見送って、後始末の大切さを肌で感じていながら、自分のモノには意識が

向かなかったのですね。

断捨離を学んで初めて、「今の自分に必要か」という視点で自分のモノを見渡してみると、あらゆるモノが不要だと感じるようになりました。

最初は、毎週火曜の可燃物の日に、5袋出すと決めて数週間続けました。隣のご主人に「大澤さん引っ越しするんですか?」と訊《たず》ねられたほど(笑)。「家中、大掃除してるんですよ〜」なんて返しましたが、よくもあれだけのモノが出てくると思われたのでしょう。

モノが減ってくると、タンスや棚が空になり、それ自体が必要なくなってきます。そこにあるのが当然と思っている大型家具を手放してみると、私は自分の心の根っこに、しぶとい執着心があったことに気づくことができました。

食器棚やタンス、ドレッサーなど私の家財道具一式は、母が買ってくれた婚礼家具でした。ワインカラーの重厚な家具で当時はそれが大流行でした。

一生モノだし大事にしようと思っていたけれど、しまうものがなくなって、思い切って手放したとき、婚礼家具への思いは母へのわだかまりだったとわかったのです。

私は心の深いところで、母に対し拗《す》ねた愛情をくすぶらせていました。母は無意識だったかもしれませんが、病弱だった弟だけが大事にされている。そういう反発心が私の中にずっとありました。

また、気丈《きじょう》で口も達者だった母が老いとともに、思考も体力も衰えていく姿に怒りが湧いて。なぜなら、私にあれだけ厳しいことを言っておきながら、そのことは忘れたように弱々しくなっていく。その様子が許せなかったのです。だから、たまに会っておしゃべりしても優しい言葉ひとつかけられず、きまって嫌なムードになって帰ってくる。そのたびに、親不孝だなと自己嫌悪に陥っていました。

「モノを捨てるな」が口ぐせの母でしたから、大枚をはたいて準備したであろう婚礼家具を捨てたと言ったら卒倒するかもしれない、とも思いました。

それが、実際には「そうなのね」とあっけなく終わって。そのときに、「ああ、老いと

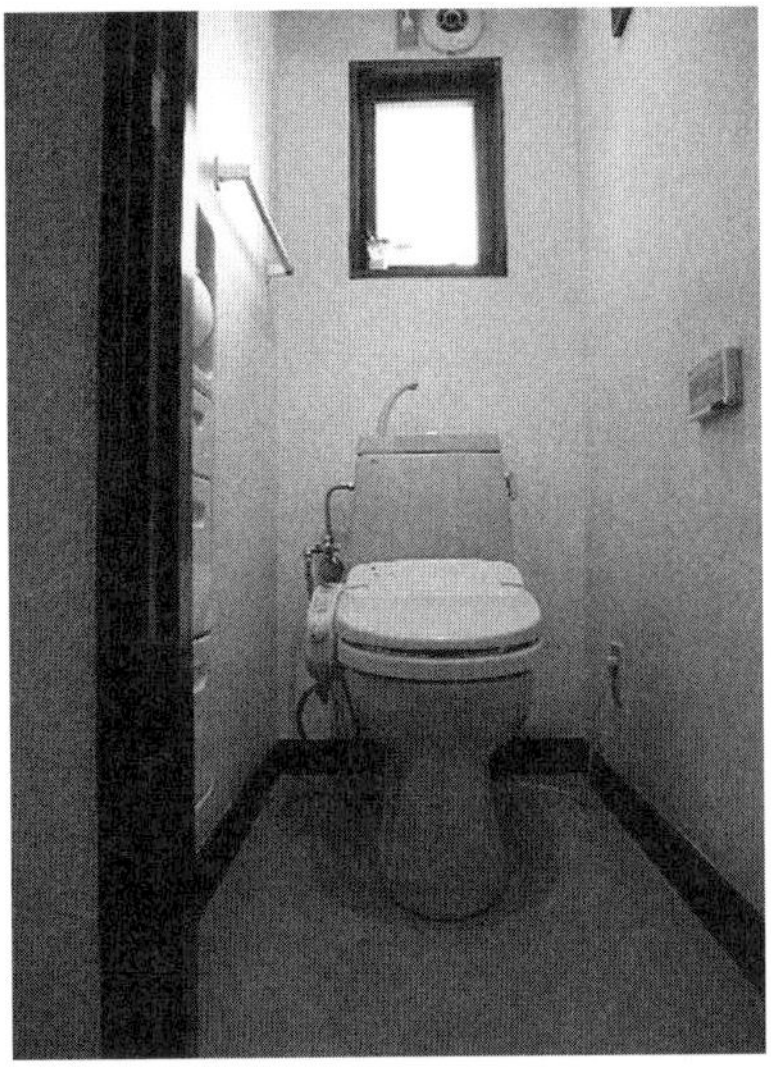

お風呂同様、その都度掃除を心がければ、トイレマットもスリッパも不要。マットやスリッパを毎日洗濯、交換する人はほぼおらず、汚れの温床になりがち。本当の意味でトイレを清潔に保つために、マットやスリッパを断捨離しました。手洗いは隣の洗面所で。

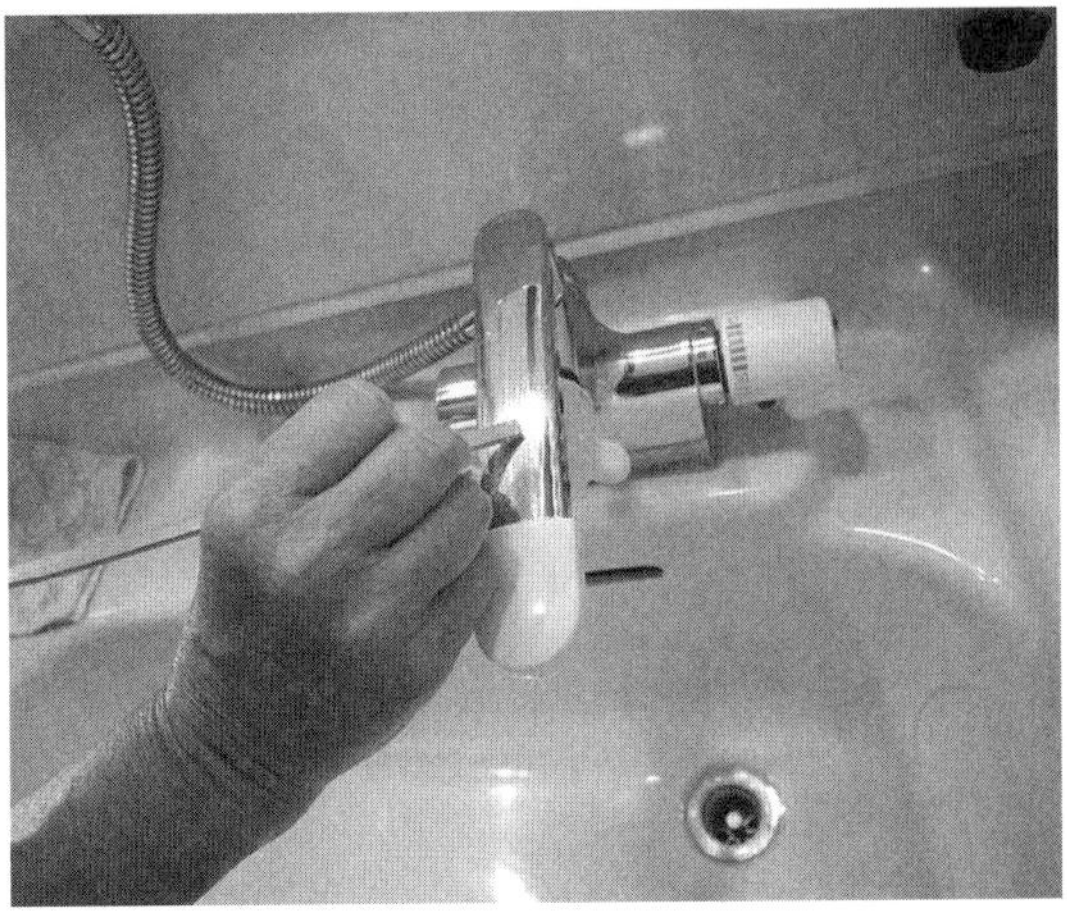

水回りの生臭さの原因はスキマに入って取れない汚れです。太めの竹串が一つあると、水回りのお掃除が俄然《がぜん》捗《はかど》ります。柄《え》の部分で平面を、こびりつきやすき間には先端を使って。必要に応じてクロスをまいて傷がつかないようにしてください。

はこういうことなのだ」と。母はそれを見せてくれているんだと納得できたのです。

それから、反発も怒りも、許せないという気持ちも起こらなくなり、やっと気持ちの上で母と距離が取られたように思います。本当の意味で、やっと親離れができたのかもしれません。

●家族と使った家具をすべて断捨離。今は自分の使命に集中！

リビングを占拠していたソファは、まさに夫であり子どもであり、家族の象徴だったことにも気がつきました。手放したのは4年ほど前です。家族と使った想い出のある最後の家具でした。

夫は入院から一時帰宅しているとき、ソファで毛布にくるまってゴロンとしていた。子どもたちも、食後にソファでよく寝そべっていました。私は仕事で疲れて帰ってくると、そこに倒れ込んで朝まで化粧も落とさずに寝ていたことが何度もありました。

革張りの高級なソファだったけれど、グレーの色は褪《あ》せて、革も破けていた。それをラグなどで隠し隠し使っていました。「ひとりで大丈夫」と言いながら、家族の歴史が染みついたソファに私はすがっていたのだと、処分してやっとわかりました。

でも、手放しても、さみしい気持ちは、少しもありません。家族と過ごした時間という大事なモノは私自身の中にあって、いつでも引き出すことができるのだから。

むしろ、今やっと「環境をキレイに整える」という自分の使命に集中して向き合えるときがやってきたのだと清々しい気持ちでいます。

②原田千里さん

東京都（断捨離トレーナー）
60代　広告代理店経営

断捨離で汚部屋から卒業！　人生で初めて自信がもてて、独立起業で自分らしくおひとりさまを謳歌中

私が断捨離と出合ったのは、２０１２年。会社の忘年会の席のことでした。先輩の会話に出てきたそのワードが頭に残り、家に帰ってネットで詳しく調べると、「断捨離はセルフコーチングだわ」と感じ、俄然気になりだしたのです。

その頃、私はファッションコンサルティング会社に勤める傍《かたわ》ら、コーチングを学び、ダブルキャリアとして大学の講座で講師を務めていました。

コーチングでは、コーチとの対話を通じて、内面を意識化し、自分の理想に向けて行動

していきます。ただ、どんなに心を切り替えても、行動化できない人がいる。後は行動のみのところまで来ているのに、結局一歩が踏み出せずに終わる。私はそこに限界を感じて、いい方法はないかと探していました。

断捨離は、まずモノを捨てるという行動から入ります。行動することで気持ちが変わる。コーチングとは真逆なのですが、両方を組み合わせたら最強の自己変革メソッドになるのでは、と直感したのです。

「断捨離メルマガ」を購読しだすと、2、3通目に「断捨離トレーナー」になりませんか？　というメールが届きました。その場所が、なんと私が当時勤めていた会社の数軒隣！　これはやるしかないと思い、この世界に飛び込みました。

●「自分を癒す、もてなす、ねぎらう」って何ですか？

会社では紳士服担当のファッションコンサルタントに従事していて、景気のいい頃は、海外から来た新しいブランドを日本で展開したり、時代の流れとともに、既存店の売上改善、赤字店を立て直すためのプロジェクトリーダーをしたりしていました。

ただ、クライアントは男性の管理職の方が中心。いつもなめられないようにと、身構えていたように思います。

会社で評価されたり、1千万円を超える年収を得たりしたときも、嬉しい反面、次は落ちるという恐怖も感じ、もっと頑張らなきゃいけない、もっと知識や体験や人脈を増やさないといけないと、常に自分を追い込んでいました。

ずっと同じ会社で働いていた私は、他社では使い物にならないのでは？　という不安をいつも抱えていました。だから、いざというときのために、自分のエネルギーは、お金、知識、人脈に換えておかなくてはと必死。コーチングの資格を取ったのも、その不安を払《ふっ》拭《しょく》するためでした。

平日は会社で朝早くから働き、コーチング業は、平日の夜と土日は丸一日入っていたので、休日もほとんどありませんでした。フルで働いてヘトヘトになって、目を閉じたら寝るという暮らしぶり。

当時一世を風靡《ふうび》した健康ドリンクの宣伝文句、「24時間戦えますか？」を地でいっていました。いわゆるワーカホリック（仕事中毒）だったのでしょう。

振り返ると、当時の私は、「今を楽しむ」という発想自体ありませんでした。旅行に行っても、「こんなことしてていいのかな」と思ってしまい、心底楽しめた記憶がありません。食事会で友人と会えるのは嬉しいのですが、後半になると、「早く帰りたい」「他にもっとやるべきことがあるんじゃないか」と考えだしてしまって。断捨離でいう「自分を癒す、もてなす、ねぎらう」という意味に首をかしげていたほどです。

●もっともっと欲しい！ 獲得する喜びに浸った日々

断捨離に出合うまでの私の人生は、まさに足し算の人生。モノも知識も経験も人脈もいかに増やすかだけを考えていました。

静岡の田舎が幼い頃から性《しょう》に合わず、東京で頑張ればいいことがあるに違いないと上京。最初の住まいは四畳半一間、お風呂なしの2万4千円のアパートでした。もちものは布団1組、洋服数枚、ラジカセ程度。今思えば、潔く、できる範囲の楽しみを見つけることができた、じつにシンプルな暮らしを送っていました。

そこから自分で働き、一つひとつモノを手に入れる喜びを覚えて、すっかり虜《とりこ》になりました。自分で働いて手に入れたモノは、私にとっての戦利品だったのです。

一番嬉しかったのはローンを組んで部屋に電話を引いたこと。当時は家に電話を引くのに権利を買う必要がありました。でも自分から電話をかけるお金はないから、友だちに電話番号を教えてかかってくるのをずっと待っていました。待つ時間も嬉しかったんです。

●モノに埋もれて床が見えない！　汚部屋の住人に

38歳のときに、成功の証《あかし》として自分のために2LDKのマンションを買いました。60平米の広さがあり自分ひとりには十分すぎる広さだと思ったのも束の間《つかのま》、すぐに玄関からモノだらけに……。


断捨離トレーナーの研修を受け始めても、しばらくはゴミの中に暮らしていました。

買ったまま開封されずじまいの紙袋がどっさり。タグがついたままの洋服、バッグ、靴、アクセサリーがうじゃうじゃ。キッチンは洗い物が溜まり、使えるコップがないとなってやっと一つ洗う。服や下着も脱ぎ散らかし放題。干した洗濯物は、乾いても畳むことなくそこから取って着ていました。

食器はお気に入りを厳選し、5割の空間を残して収めます。ディスプレイ感覚で配置するのがコツです。普段使いすることで、自分のおもてなしにもなります。

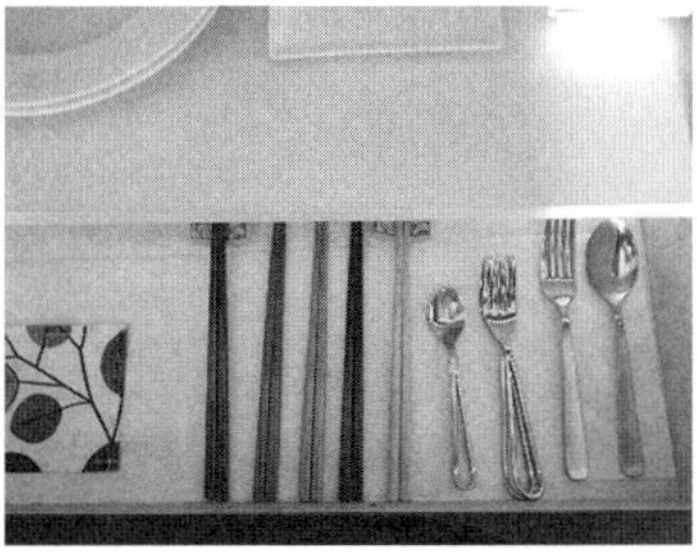

カトラリーは等間隔にすき間を空けて、見やすく置きます。カトラリーを間仕切り付きの収納トレーにバサッと入れていても結局使わないモノが多いのでは？　私はその日の気分でお箸の色を変えて楽しんでいますが、家族の人数分＋1組あればほぼ足ります。

玄関からモノで溢れた獣道の廊下を通って、リビングの唯一のスペースだったソファに横になるのが日課。いわゆる汚部屋の住人だったのです。

45リットルの大きなゴミ袋に「まだ入る、まだ入る」とギュウギュウにゴミを押し込んでいたので、部屋の中にはコバエが飛んで、すっぱい悪臭が部屋中に漂っていることもありました。しかも、元を断たなければコバエも臭いも消えないのに、私はアロマディフューザーを買ってきて、「コバエホイホイ」の隣に置いていたんです。

そんな状態でも、戦利品に囲まれていると思っていますから、買ったモノを捨てようなんて考えたこともありませんでした。

ある日、ソファで横になっていると、宅配便が来て急いで出ようとしたら、動線に洋服が溢れ、その下にゴミ箱があることに気づかず、足を突っ込んで転んでしまった。そのとき、無性に情けなくなって泣けてきて……。

ゴミやガラクタだらけの部屋に暮らしながら、見栄《みえ》っぱりで外ではずっと気を張っている自分……。「一体私は、何をやっているのだろう?」。そう思って涙が止まらなかった。自分の中で変化が始まっていたのかもしれません。

●ひとり暮らしで4トンのモノを断捨離

断捨離トレーナーの研修の最後には、トップトレーナーの自宅チェックがあります。

私はその日に照準を合わせて、部屋を徹底的に断捨離しました。ただ、部屋いっぱいのゴミは、ひとりでどうにかできる許容範囲をはるかに超えていました。そこでゴミ回収の積み切りトラックを手配。結果として、2トンロングを2回、計4トンのモノを処分したのです。


処分したモノは、洋服、本、資料が多かったのですが、夜中に通販番組を見て衝動買いしたエアロバイクなどの健康器具もたくさんありました。どれもまったく使っていませんでしたが……。

ソファや6人掛けの立派なダイニングテーブルなど、大型家具も処分しました。


昔から目的指向型の私は、目標が定まればわき目もふらず一直線。断捨離トレーナーになると決めていたので、高価なモノや新品であっても捨てるのに未練はありませんでした。

高価なモノよりも捨てにくかったのは、自分の未来のために集めていたアイディア集やサンプル集です。

これは〝コンサルタントあるある〟だと思いますが、人様の会社の商品を売るお手伝いをしていますから、「私が売るならこんな商品で、こんなふうに……」と自分も経営ができるか、試してみたい！　と欲が出てくるんですね。

だから自分の中にある、クリエイティブ魂が喚起《かんき》されるような、インスピレーションの元をたくさん集めていました。

その中で、「コンセプトのつくり方が面白いよね」など、見るたびに刺激を受けるものについては、しばらく手放さずにいました。

●部屋の詰まりは、人生の詰まりだった！　独立起業で人生大展開

しかし、自分の断捨離を実行して、私の人生は俄然、流れを取り戻しました。ものすごい勢いで人生が加速し始めたのです。

2013年に断捨離トレーナーになり、翌年29年勤めた会社を辞めて独立起業しました。

会社を辞めた理由は、自分の中でもっと楽しんで仕事をしたいという気持ちが大きくなったこと。紳士服コンサルの仕事はやりがいがありましたが、紳士服ゆえ自分を対象として

考えることはできなかった。起業すればもっと自分の感性を活かせるのではという思いが沸々《ふつふつ》と湧いてきたのです。

とはいえ、断捨離をしていなかったらすんなり会社を辞めていたとは思えません。年齢だって若くない。でも前進することの恐怖より、チャレンジするワクワク感のほうが強かった。収入が下がることを恐れていた私がそんなふうに変わるなんて、自分でも驚きました。

その一番の要因は、足し算から引き算へ視点が変わったことでしょう。

独立する際、「自分は何をしたいのか」を考えたのですが、そのときに、自分に「何ができるか」と考える前に、「これはやりたくない」「これはあまり興味ない」「やればできるだろうけれど、あまり気が進まない」など、引き算をしていくと、本当にやりたいものだけが残りました。

「今までの知識、経験、人脈を使えばできる」という過去の実績だけに頼った自信ではなくて、私の中には29年培《つちか》って熟成されたビジネスセンスがある。だから、対象が変わってもできる。ファッションにこだわる必要もなく、自分の本当にやりたいことができる。

そう思えたんです。

●スペースができると新しいご縁が入ってくる

とはいっても、最初はこれまでの実績の延長線上に、ファッション業界で何かするんだろうと漠然と思っていたのも事実です。

実際、退社するときに、ご厚意で自分が担当していた会社を一社引き継がせていただきました。有難いことに自分ひとりが食べていくには十分なほどの売上げはありましたが、コンサルタントは、クライアントの事情が変われば、いつ終了になってもおかしくない仕事。その会社も社長交代とともに終了になりました。

しかし、断捨離でいう「スペースができると新しいご縁が入ってくる」というのは本当で、以前接点のあった男性向けのサプリメントの素材を扱う会社の社長さんから、高齢者に認知度の高いサプリメント素材を女性の美容向けにプロデュースしてほしいと依頼をいただくなど、自分の中に受け取るスペースがあるとちゃんと巡ってくるのです。おかげさまで、その仕事は高く評価していただけて、今でも続いています。

観葉植物はサブスクリプションサービスを利用しています。メンテナンスにプロが来てくれたり、季節によって植物を変えたりすることもできます。都会のマンション住まいでは、枯れてしまうと土や大きな木、植木鉢の処分に頭を悩ませることもありますが、その心配が不要になりました。

リビングのテーブルはプライベートと仕事兼用。少人数のワークショップもここで開いています。プリントの壁は自分で壁紙を張りました。一面を変えるだけで明るく爽やかで楽しい雰囲気に。

断捨離する以前の私だったら、自分がやったことのないことは、勇気がなくて断っていたと思います。けれど、やったことがない依頼を今は面白いと感じるし、他の人と連携すればコンテンツプロデューサーという立場で何でもできると思えるのです。

会社員時代のように、ガツガツすることもなく、「ここまではできる」と冷静に見極めて行動する。そんな断捨離マインドを日々、自分で試している真っ最中です。

●離婚して、やっぱりひとりがいいと確信

57歳で離婚をしました。元夫とはお互い仕事が好きで自立した関係でした。二人なら未来の可能性も広がる、いずれ二人で一緒に事業をしようとか、海外で暮らそうなどと話していました。もともとひとりでも平気な二人でしたから、方向性がズレたときにどちらも譲らない頑固さがありました。それだけの理由ではありませんが、それぞれ別の道を行こうと決めました。

この結婚と離婚で、やっぱり私はひとりがいいなと確信がもてました。相手がいてもいなくても、私がやりたいことを私はできる。誰かに頼りたい、守ってもらいたいという思いよりも、自由を選んだのです。

別れた夫には連絡をとっていません。でも、何かあったときには互いに助け合える仲と思っています。

こういう形もアリだなと思いつつ、人は変わっていくものでしょう？　それは彼も私も。だからこそ、そのとき、そのときの人間関係を大切にしようと思えるようになりました。

今の私は、夫もいない、子どももいない、両親は他界、所有していたマンションも売却し、心身ともに身軽なおひとりさまとなりました。

断捨離の仲間たちの存在にも助けられています。べったり一緒にいることはないけれど、ちょっと集まって意見をシェアしたり、相談できたりという存在は、やはり心強い。断捨離という意識縁が機能して、自分の人生が良好に循環していると感じます。

●引き算すればするほど自信がもてるように

コーチ養成講座の講師は独立して2年目に辞めました。以前の私だったら、手に入れたポジションを自ら手放すという発想すら出てこなかったと思います。とにかく抱え込むのが大好きだったから（笑）。

足りないことだらけと思っていた自分。でも、安定した会社員という身分、戦利品の数々、大学で教えているという肩書き、婚姻関係……。どんどん引き算していくほど、私は私で大丈夫と自信がもてるようになった。

執着せずに、全部いったん手放したら、それがまたカタチを変えて繋がって、全体で機能し始めた。まさに断捨離マジックです！

確かに、別れた夫と新しい事業をして可能性を広げたいという希望は叶わなかったけれど、今の自分は楽しくやりがいのある仕事をして、自分の可能性の扉を次々開けている。それは、「期待通りではないとしても決めた通りになっている」と、やましたひでこがよく言う言葉の通りです。それもこれも、断捨離が引き算の人生を教えてくれたからです。

●早起き＆10キロのダイエットにも成功！

「自己肯定感を上げるにはどうしたらいいですか」とよく聞かれます。

断捨離は、やると決めたことをやる。それだけです。捨てると決めたら捨てる。それが大きいことでも小さいことでも。すると、「できた自分」を感じられ、自己肯定感がどん

クローゼットは7割の物量を心がけています。ブティックのようにハンガーのピッチを均等に並べると、見た目にも美しく、コーディネートも考えやすい。「同じような服ばかり買ってしまう」ということもなくなります。

どん上がっていきます。

たとえば、私は58年間、早起きできない女でした。お正月の目標は毎年、早寝早起き暴飲暴食をしないと言い続けていたほど。でも、今は毎日4時半起きしています。

朝、やましたの著書を読む「読書会」をZoomで開いていて、それに大勢の方が参加してくださる。自分のためには起きられないけれど、主催者だから起きられるんです。主催者なのに寝坊なんてかっこ悪いことはしません。


自分の体に入れる食事と向き合って、10キロのダイエットにも成功しました！

昔は、買ってきたお惣菜をパックのまま食べたりしていたけれど、ちゃんとお皿に載せ、自分をもてなして、今の自分の適量をいただくようにしています。生活習慣を変えることで、健康診断の数値もオールAに戻りました。


断捨離のベースには、自分で自分の人生をリードするという感覚があります。私は会社でのポジションや社会的安定など、いつの間にか自分を守る生き方になっていたことに違和感をもち、苦しみ、彷徨《さまよ》うなかで断捨離と出合い、断捨離の実践で、自分を活かすという生き方に変えることができました。

あなたの身の回りにたくさんあるモノはなんですか？　それはきっとあなたが守りたいものです。それが機能しているか機能していないか、ぜひ検討してみてください。

それを一つずつ手放していくと、その先にあなた自身を活かす方法が見えてくるでしょう。

③ 平田照子さん

東京都
50代　絵本作家、イラストレーター

断捨離して、不仲の夫から独立。食べていけるかの不安を払拭して絵本作家デビュー

今春、私は「おひとりさま」で暮らすことを選びました。

夫とは子ども3人に恵まれましたが、同じ家に住みながら10年近く言葉を交《か》わすことはなく、家に私の居場所はなかったのです。

早朝に家族の1日分の食事をつくって仕事場のアトリエへ行く暮らし。デスクから手を伸ばせば必要なモノに全部手が届く穴倉のような小さなアトリエで1日のほとんどを過ごし、夜、家に戻るとリビングのソファで寝ていました。

「ここは本来の私の居場所ではない。だから掃除も私の範疇《はんちゅう》ではない」そんなふうに考えて、家が荒れていくのに任せていました。すでに感覚がマヒしていたのでしょう。息も絶え絶えな自分に気づいてあげようともしていませんでした。

断捨離に出合って、やっと末期症状だと気づくことができました。そこから、私のモノの断捨離、コトの断捨離、心の断捨離が始まりました。

●その折り畳んだ翼を広げてごらん

私が断捨離に出合ったのは2017年。「着るモノがないなぁ」と、ネットサーフィンをしていて、やましたひでこのYouTube動画に行き着き、「着るモノがないのではなく、着たいモノがないのです」という言葉が心に響いたこと。その日のうちにセミナーに申し込みました。

半年間総合的な断捨離について学ぶ講座を受けて、その後、マスターマインドという、主に心を扱うコースで1年学び、断捨離検定1級を受けました。

試験は学科と実技があり、実技はやましたが家庭訪問してくれました。正直、このありさまで実技が通るわけがないと思いながら絨毯《じゅうたん》の毛羽《けば》をむしっていました。

やましたは来るなり、「こんなところにいたら、ダメよ」と。そして、「その折り畳んだ翼を広げてごらん」と言ってくれた。

私の居場所ではないことは重々承知しているつもり。でも、何から始めていいかわからないというのが正直なところでした。

イラストレーターの仕事をしていましたが、経済的にひとりでやっていけるかという不安も大きかった。しかし、このままでは一向に変わらないということも……。

その頃は、長男はすでに独立していて、次男の就職が決まり、長女が大学に入学したタイミング。子どもたちの先が見えたことにも後押しされて、家を出ようと決めました。そこから半年かけて子どもたちとよくよく話し合い、娘と私は今の住まいに。次男もひとり暮らしを始め、家族は散り散りになりました。


人生を変えるつもりで家から出る決心をしていたので、捨てるに躊躇《ちゅうちょ》するモノはありませんでした。アトリエのモノも、家にある自分のモノも、引っ越しまでに続々と処分。引っ越しは娘の荷物を含めても1日ですべて完了しました。

今の家の一部屋を新たなアトリエにして、心機一転。それまでの作品の原画を、断捨離のお友だちが家に遊びにきたときに、もって帰っていただいたりもしました。

この4年余りは娘と暮らしていたわけですが、今春、彼女は大学を卒業して遠方に就職を決めて家を出ました。

まったく寂しくなかったかといえばウソになります。でも、「ひとりになっちゃった」というよりは、ひとりになることを自分で選んだという心境なのです。

●捨てがたいものを捨てると大きく動き出す

断捨離をして夫婦の家を出て自分の居場所をつくる、ということの他に、もう一つ私が心で決めていたことがあります。絵本作家になることです。

「断捨離をすると、その空いたスペースにオートランで夢が向こうからやってくる」。その言葉を聞いたときは、出版のためだったら何でも捨てます！　夫も家も捨てます！　大好きな琉球三線《さんしん》も捨てます！　そう思うほど、とにかく自分の絵本を出したいという強い思いがありました。

講座の席でやましたや仲間に、「まず個展をやります。それから私は絵本を出します」

と宣言したこともあります。

実際に家を手放し、断捨離も検定1級に受かった時点でいったん講座などの参加はお休みし、15年続けてきた琉球三線の活動も手放して、出口を絵本一本に絞りました。

琉球三線の活動は、学校の体育館などにお邪魔して沖縄文化を伝え、仲間もいて、長年楽しんでいたのですが、やましたの「捨てがたいものを捨てると大きく動き出す」という言葉が響いて、あえて手放しました。

●個展というスペースが呼び込んだ出会いから絵本出版へ

断捨離の講座で宣言した直後の2018年暮れ、画廊を予約しました。コロナ禍もあり、1年半かけて準備して2021年4月にやっと個展を開催できました。

久しぶりの個展では、切れ間がないほど大勢人が来てくれて。一度だけ会ったことがあり、自分の作品を是非見ていただきたかった絵本の編集者さんも来てくださった。しかも彼女が入ってきたら、画廊からあっという間に人が消えて、1時間、ゆっくりお話しできたのです。

我が家は玄関からリビングまでの動線にキッチンが目に入ります。生活感が出やすい場所ですが、断捨離をして片づけがしやすくなりました。広いスペースがあると料理もはかどります。

私はいくつか絵本の試作を見ていただきました。あいにく反応はあまり芳《かんば》しくありません。

私は誰にも見せていなかったラストの一冊、でも自分の中でもっとも深く温めてきたテーマの試作を見ていただくことにしました。

なぜ誰にも見せていなかったかというと、昨今の絵本の世界はエンターテインメント性が重視されているのですが、その本のテーマは病気や死といった重たいもの。きっと却下されるだろうと思っていたからです。

でも私の中では、自分に附帯していたモノ、コト、ヒトを引き算しても残り続けた大切なテーマでした。それを表現した一冊を、恐る恐る差し出すと、彼女は丁寧に見てくれて「企画書を出しましょう!」と言ってくださった。それが後に『ことりになったら』（岩崎書店）として夢にまで見た絵本の刊行に繋がったのです。

●未来に不安を感じたら、床を「掃く、拭く、磨く」

やましたから教えてもらったことで、悩んだときに反芻する考え方があります。

私たちはまず各々が生きている空間があります。そして、人間だから、人の間で生きています。つまり、自分と他者とが交わっている空間があります。もう一つ、時間という「間《ま》」があります。その3つの円がタイミングよく重なり合った空間で人が出会うと、人生がスパイラルアップしていく、ということ。

個展は、私が空間を整えてみなさんを迎える準備をした場所です。そこに時間を合わせて人がやってきて、こんなステキなことが起こりました。

だけれど、人はすぐ、未来を憂《うれ》えて不安になります。私は念願の絵本を出した喜びも束の間、すぐにその先のことが不安になり始めました。

そんなとき、やましたに会って気持ちを聞いてもらうと、「考えるな！　まず行動！」と力強く言葉をかけてくれました。「そうだった。断捨離しよう！」。今では不安を感じたら、家で床を掃く、拭く、磨く……とやっています。

自分、他者、時間の3つの円は、自分ひとりでどうにかしようとしても何も起こらない、ということも表しています。時間も他者もコントロールできないからです。でも、自分のことなら断捨離で能動的にアプローチできます。

作画で行き詰まったときも、夫との関係も、自分の空間の不要なモノをひたすら手放して、整えるという基本に戻っていくと「大丈夫」と思える自分になりました。

夜逃げならぬ、昼逃げ同然で夫の元を出てきて、今も彼との関係は平行線のままです。離婚になるかもしれないし、ずっとこのままかもしれない。

それは、私の空間と時間は揃《そろ》えていますが、彼が揃わないから何も起こらないとも言えて。ただ、この考え方を知ったことで、どうにかしなくちゃという気負いや焦りがだいぶ減り、精神的に楽にいられるようになりました。

●家に入っている不要なモノを出すと、体も心も同時に変わる

一昨年、断捨離トレーナーの檀葉子さんが紹介されていた合気道の本を読み、俄然興味が湧いて、教室に通い始めました。生まれてこのかた体を動かすことにまったく興味がなかったこの私が！　娘もびっくりしていました。

合気道は、断捨離と共通点が多いものです。たとえば、合気道は自分から気を出して相手の気と融合させて相手をクルッと回転させたりします。

つまり、自分から気を出すことが先。断捨離もモノを出すことが先です。

こぢんまりしたマンション暮らしなので、大型家具は置かず、部屋のスペースを広く保つことを最優先しました。創作に煮詰まったら、寝っ転がって窓から青空を眺めてリフレッシュしたり、猫と遊んだり。空間があることで狭さを感じなくなりました。

和室は高級旅館の一室を目指して断捨離しました。職業柄、画集などの資料や自分のイラストの掲載誌などが増えがちですが、実家から持ってきたセルフアンティークのお気に入りの本棚に7割入る分だけと決めています。急なお客様にも対応できる空間です。

「私たちの心は体に入っている。その体は家という容《い》れ物に入っている。家に入っている不要なモノを出すことで、体も心も同時に変わっていく、心身一如《しんしんいちじょ》」とやましたはいつも言っています。実際、合気道教室に通い出すと、自分の体から気を出すことで、断捨離と同様、心も晴れ晴れとしてきます。

私が通う合気道の教室では、男性も女性もみんな混ざって、中学生ぐらいから70代の方まで一緒にお稽古《けいこ》します。上手も下手もお稽古歴も関係なく、できない人には、先輩が自然にいたわって教えてくれたりする。そういった時間の中で、「私は、無理しなくていいんだな」とふっと心が軽くなる瞬間がありました。

私が絵本の出版にこだわっていたこと。それは自分がどんなコンテンツを出すかより、絵本作家と名乗りたいという表面的な部分へのこだわりが大きかったことにも気がつきました。承認欲求が強く、人生のあらゆる場面で自分を認めてもらおうとマウントを取るような生き方をしていたかも、と。

本来人は、何者かにならなくても、何をしていたとしても、生かされていく存在なんだと、少しずつ思えるようになってきました。

ペットのトイレをどこに置くか。悩んでいる方もいるかもしれません。我が家は、棚を作って存在が丸見えにならないようにしました。猫ちゃんも落ち着いて用を足せるようです。

長い道のりでしたが、そう捉えられるようになるすべてのプロセスと時間が、自分にとって必要だったんだ、と今は理解しています。

●人間は一生のうち逢うべき人には必ず逢える

人生でひとり暮らしをすること、おひとりさまという時間を生きることが、じつは人生初体験です。自分で選んだと申しましたが、断捨離の仲間たちを始め、気軽に訪ねてくれるご近所の方など、周囲の方たちとの交流はかけがえのないものです。

でも最近、私は意外と人付き合いが苦手なのかもと気がついて。得意なほうだと思っていたのに！　そんな私も、私です。

「人間は一生のうちに逢うべき人には必ず逢える。しかも一瞬早すぎず、一瞬遅すぎない時に」という、やましたから教えてもらった教育者の森信三《もりのぶぞう》さんの言葉を胸に、明るいフリをしたり、よい人のフリをしたり、強いフリをしたりして頑張らなくても、私のあるがままでいい。そうやって、時には人と繋がり、ひとりの時間を存分に楽しみたいと思っています。

④

田原令子さん

大分県
50代　会社員

1Kから2LDKへ。広々と清々しい空間で、人生に必要なことが自《おの》ずと見えてきた！

あるときまで私は、ひとり暮らし＝1Kやワンルームの間取りが当然だと思い込んで生きていました。

ひとり暮らしを始めたのは、就職氷河期で地元に求人がなく東京に出たとき。会社が用意してくれた寮の小さな一室でした。

便利で目新しいモノが簡単に手に入る東京の暮らし。狭い空間はあっという間にモノでいっぱいになりました。ただ、田舎で家庭をもつ夢を捨てきれなかった私は、2004年に転勤願いを出して地元に戻ったのです。

引っ越しの道中、東名高速で引っ越しのトラックが横転。家財道具一式が道路にばらまかれるというアクシデントに見舞われました。当時断捨離を知っていれば、「強制デトックスがやってきた！」と捉えて「全部処分してください」と即答していたことでしょう。しかし、私は趣味で集めた音楽関係のアイテムだけでもと、救えるものは救いだしました。それでも、処分するモノのほうが多く、一から出直しとばかり、スッキリした感覚を味わいました。

それも束の間。保険金が下りると私はカラーボックスなどの収納系の家具や洋服、事故で割れてしまったCDなどを大量に買い直し、東京の狭い1Kを地元でも再現してしまったのです。

2DKの空間の広がりを見て、ワクワクが止まらない私

その暮らしに変化が表れたのが、メディアで断捨離が取り上げられた2009年頃。モノを捨てるだけではない、自分の生き方までも変容させる断捨離の考えに魅了され、ダンシャリアンとしての道を歩み始めました。

断捨離セミナーに参加し、地元に仲間もでき、自身の体験もブログで発信。東京から越してきたときに入り12年間住んでいたアパートから少し広めの1Kに引っ越しもして、断捨離でモノを最小限にしたコンパクトな空間で快適に暮らしていました。

そこに1年半ほど住んだ頃です。もう断捨離で学ぶべきことはある程度学んだと感じていましたが、最後の総仕上げのつもりで申し込んだ半年間の断捨離実践・徹底サポートコースで、私はさらなる扉を開くことになったのです。

「捨てられない、片づかない」。全国から通う仲間の悩みはモノだけにとどまりません。当初私はそれを高みの見物でもするかのように俯瞰《ふかん》していました。

状況が変わったのは2回目の講座でした。やましたから「部屋が狭いのでは？　広いところに引っ越したら？」と予期せぬ言葉を投げかけられて、十分広いと感じる部屋に住まう私に何を言っているの⁉　と思いましたが、謎解きをするかのように、帰りの空港のロビーですでに物件探しをしていました。

1LDKの気になる物件を不動産屋さんに見せてもらうべく内覧を申し込むと、内覧の前日に先客に押さえられてしまいました。不動産屋さんがくれた代替案は2DK。「それはいくらなんでも広すぎる。ないない」と思いつつ見るだけ見せてもらうと、玄関を開けた瞬間、想像していなかった空間の広がりに、一瞬で心奪われてしまった。

やましたが暗に言っていたことは、この空間のことなのかも……。ひとり暮らしが板につき、1Kの達人になっていた私は、広い〝空間〟に住むことの豊かさをまだ知りませんでした。それに私の部屋にはなかった、洗面台やガスコンロが置けるキッチン、リビングと別の寝室はとてつもなく魅力的で、そこから始まる楽しい生活を思い浮かべてワクワクが止まらない。すぐにそこに住むことを決意したのです。

●2DKに引っ越したら、無駄遣いが減った

とはいえ、これまで家賃を抑えて、そのぶんセミナーや、趣味の活動費などに回す暮らし方をしていたためお金の心配が頭を過《よぎ》りました。引っ越しが続いたこともあり、結局、新入社員時代から貯めていた定期預金を解約してまで引っ越し費用に充てることに。それはどうなのか？　と最初は戸惑いました。

ただ振り返ると、定期預金を始めたとき、そこに特別な目的があったわけではなく、

「社会人として恥ずかしくない自分でいるためにも、堅実にお金を貯めるべき」と常識人の枠に収まろうとしていた自分がいたなと思ったのです。

定期預金がいけないわけではもちろんありませんが、「自分自身のために、ここで新たな世界を見るために使うんだ」と決めてお金を使うことにしました。すると、お金の使い方が変わり、お給料含めて「自分はこれくらい」と決めていた収入の枠も広がった気がします。

たとえば、無駄な買い物をしなくなりましたし、仕事でステップアップして昇給したぶん、また貯金ができたりという好循環が生まれました。

思えば、1Kの家は備え付けの小さなガスコンロが一つしかなく、パスタを茹《ゆ》でながら、隣でソースをつくるという同時進行ができませんでした。ユニットバスは体を洗うスペースが狭かったりもしました。

至るところに、そういった小さなフラストレーションの種が転がっていて、自分では工夫して快適に暮らしているつもりだったけれど、小さな我慢を知らず知らずのうちに溜め込んでいたことに気づいたのです。今思えば、当時は自分へのご褒美《ほうび》をしょっちゅう買っていて（笑）。その中には無駄遣いもいっぱいあったはずです。

●住空間を変えたら、意識と行動が変わり、職場も変わった

2DKの住まいをすべてごきげん、お気に入りで整えたはずの私でしたが、しばらくすると思いがけず、突如、「怒り」が込み上げてきたのです。

上の階に住む家族の生活音、楽しそうな笑い声、子どもが元気に走り回る音……。広い場所にたったひとり住む自分をみじめに感じました。

何でこんなところにひとりで住んでるの⁉

仕事のために住んでいる地域。その仕事が特段好きなわけでもない。当時入社14年、器用に立ち回る私は職場の調整役として重宝されていました。仕事を投げ出し、勝手に振舞う人の尻ぬぐいをなんで私が！　職場への不満や怒りもマグマのごとく噴出しました。快適なはずの2DKの生活は、思いがけず込み上げた「怒り」と向き合うスタートだったのです。

そこに不思議な感覚が起こりました。1Kの狭い空間では、すぐに堂々巡りしていた思考が、2DKの部屋を毎日動き回るうちに行動へと変わったのです。

もうベテランだから我慢しなくてはいけない。安定している職場を辞めてはいけない。ひとりで暮らすための手段は今の仕事しかない。私の中で凝り固まっていた思考がゆるゆる溶けて消えていきました。

住空間が変わっただけなのに、私は上司に本当にやりたかった別の部署への異動を申し入れました。ほどなく、その部署が1か月限定で社内から臨時応援を募集しているとの回答が。もちろん、希望しました。

1か月後には、「この部署で働きたいです」と私は宣言していました。

それから半年後、私は新しい部署へと異動しました。住空間を移動したら、意識が、行動が変わり、職場環境まで変わり、半ば諦《あきら》めていた人事異動すら可能になった。

1Kの部屋が2DKに変わっただけなのに、そこにあった大きな進化と変容。やましたの言う「空間の力」を私は知ったのです。

●「とりあえず」のモノに囲まれて、「とりあえず」の人生を送っていた

想定外だったのは、部署が変わることで、勤務地が変わり、新しい部屋探しをする必要

が生じたことでした。しかも家賃の高い地域です。でも私は1Kに引き返す気持ちはさらさらなく、今度は2LDKの住まいを借りました。

じつはこの2LDKに引っ越すまで、捨てられずに抱え込んでいた荷物がありました。好きなアーティストが掲載された大量の音楽雑誌や会報誌、CD、東京時代の思い出の品などスーツケース5個分を、引っ越しのたびに引き連れていたのです。

そのスーツケースの鍵が壊れてしまい、鍵を修理して中身を取り出すには1個につき1万円かかるとのこと……。ものすごく悩んだ結果、中身を見ることなく、「出せないということは今の自分にとって必要のないモノ」と捉えて、スーツケースごと処分しました。

反対に買ったモノもあります。私は、やましたが言う「広い空間のある部屋に引っ越して、その広さに見合った、そのときの自分に必要な家具なりを揃えることが、自分自身をより快適にして、グレードアップさせることに繋がる」という視点を取り入れてみたのです。

一つ目は、畳のベッドです。それまでベッドは部屋の空間を奪うと思ってもっていませんでした。実家からもってきた簡易ベッドに小さくなって寝ていて、それでよしとしていたのです。でも寝室ができて、ベッドは体をちゃんと休ませ英気を養う空間と考えるようになり、これまで自分をないがしろにしていたことを反省しました。

食事のとき、本を読むとき、何をするのでも小さなテーブル一つで済ませていたのですが、空間に見合ったテーブルも購入しました。そうしたら、日常はこんなに豊かだったのか、と目からうろこで。今でも出かけることは大好きですが、外に刺激を求めすぎることがなくなり、観葉植物を育ててみたり、自分ひとりの時間を楽しむことができています。

思えば、私の中に、「今の自分に最適なモノは何か」という視点が欠落していました。簡易ベッドも、小さなテーブルも、「また引っ越しのときに邪魔になるかも」「いずれ結婚したらいらなくなるかも」など、起きるかどうかわからない未来を想定して購入した「とりあえず」のモノだったのです。

それらに囲まれて暮らすことを受け入れているのは、自分がいつまでも「とりあえず」という中途半端な人生を送ることを許可しているのと同じこと。それは自分を本当の意味で大切にしていることにもならなければ、自分の望む人生を生きることにもならない。そのことを空間が教えてくれたのです。

●「ひとりだから」と制限をつくっていたのは自分の意識だった

確かに、コロナ禍の最中は、広い部屋でただひとり。完全に個であることを思い知らされる時間でした。それは自ずと自分の心の深い部分と向き合う時間になりました。

これまでの自分を振り返ると、田舎に家族をもちたいと思ってUターンしたのに、今も変わらず「ひとりもん」。都会と違って、田舎の「おひとりさま」は肩身が狭いと感じることもあります。「これからもひとりかな……」「老後はどうなってしまうのか」……。そんなふうに物思いに耽《ふけ》っているとき、やましたがプロデュースしたリヒト（鹿児島の指宿《いぶすき》にある、日常を離れて心身を休めるリトリート施設）が私の心の闇に灯りを点してくれました。

そこに集う人たちは、独り身も家族持ちもまったく関係ない。断捨離という意識縁で繋がった家族同然の仲間です。血縁も地縁もないけれど、「ただいま」と帰っていける場所があることにホッとしました。

「ひとりだから」と制限をつくっていたのは、自分の意識だったことにも気づきました。

思えば私は多趣味なこともあって、いろいろな仲間や知り合いがいます。それも移り変わっていくけれど、ひとところに収まる必要もなければ、小さくまとまろうとすることもない。

断捨離は生きている限り終わりがありません。それが面白く、醍醐味《だいごみ》だと感じています。常に目の前のモノと向き合い、アップデートしながら、目の前にある今の自分の暮らしを楽しんでいきます。

⑤ 田上紀子さん（仮名）愛知県 60代 主婦

「おひとりさま」の義母が暮らした溜め込み御殿との格闘の日々

私が断捨離を実践しはじめたのは、２０２１年の冬、近所に住む「おひとりさま」の義理の母が認知症になり施設に入所した後です。

義父と義母が残した家は、空き家の溜め込み御殿と化し、どこから手をつけたらいいか皆目見当《かいもく》がつかないありさまでした。

ため息をつく毎日の中で、参考になるかもとテレビ番組の「ウチ、〝断捨離〟しました！」（ＢＳ朝日）や、やましたのＹｏｕＴｕｂｅチャンネルを見たら、終始うなずくことばかり。とくに、やましたが言う「心地良いモノに囲まれ、ごきげんに暮らす」という考えに、「なんてステキ！」と魂が震えるほど惹かれたのです。それから本やメディアを参考に断捨離を始めました。

●断固としてひとり暮らしを望んだ義母

義母は、義父が介護施設に入ったのをきっかけに「おひとりさま」になりました。それまで近所に住む私たち息子夫婦などが手を貸しながら、義母を中心にみんなで義父の面倒をみていたのです。

しっかりものの義母でしたが当時80歳目前。以前背骨を傷めた経験があり、体に不自由が出ることもありました。２人の息子は同居を申し出ましたが、義母はがんとしてそれを拒《こば》んだのです。

本人が嫌がることを押しつけることはできませんし、必要なときに手を貸すという形で私たちは見守ることにしました。

ただ、面倒をみていた義父がいなくなり、張り合いがなくなってしまったのでしょう。

一日中家にいるだけの生活で、炊事や洗濯がどんどん疎かになっていくのがわかりました。特に趣味などもなく、どこに出かけるにも億劫《おっくう》がり、意欲が低下しているのが見てとれました。

様子を見にいくと、「なんで私ばかりがこんな目に遭《あ》うの」「誰が私の体の面倒をみてくれるの」と愚痴や不平不満ばかり。夫を長年家で介護してきたのに、ひとり残されたことへの恨みつらみや、健康への不安は尽きることがなく、いくら言っても足りないようでした。しかし私たちとの同居は絶対に嫌なのです。私たち家族は義母が気になりながらも、どうすることもできずにいました。

●夫の実家は溜め込み御殿

もともと我が家は転勤族で、３年ごとに日本中を転々とする暮らしをしていました。それが終わった23年前、夫の地元に戻ったタイミングで、義父母の家、つまり夫の実家の近所に家を建てたのです。

それから事あるごとに夫の実家に遊びに行っていましたが、以前からモノが多い家ではありました。

義父の介護のために私たちの出入りが増えると、義母から「その部屋は入っちゃダメ」「2階はダメ」と立ち入り禁止にされた場所がいくつかありました。

義母が「おひとりさま」になると、それはますますエスカレート。どこもかしこも入るのがNGに。それも認知症の症状の一つだと後に医師から教えてもらいました。

義母が約5年間の「おひとりさま」生活を経《へ》て施設に入るまで、本当の暮らしぶりはわからなかったのです。実家が空き家になって初めて、想像を絶する物量を目《ま》の当《あ》たりにすることになってしまいました。

●空き家は〝昭和の歴史資料館〟状態

開かずの間に押し込められていたモノは新旧問わずさまざま。洋服やバッグやアクセサリーなど、お店が何軒も開けそうなほど積み上げられた婦人用のアイテムが、最初に目に飛び込んできました。

これらは、義父を10年近く介護する時代に買ったであろうモノでした。きっと認知症でどんどん様子が変わり、妻のこともわからなくなってしまうのがしんどかったのでしょう。テレビ通販や訪問販売、ちょっとした外出の際に、洋服や、着けもしない宝石をワーッと買ってストレスを発散していたのです。

昔ながらの家なので、天袋《てんぶくろ》や床下収納などもあり、戸棚の奥行きも広い。開けてみると、昭和の歴史資料館に保存されているようなちゃぶ台や茶簞笥《ちゃだんす》などがすき間なく詰め込まれ、布団も何組もありました。

息子たちが小学校で描いた絵や賞状、通信簿、おもちゃなどもたくさん出てきました。タンスなどの大型家具、電化製品、紙の書類だったりも昭和の頃から溜め込まれていたものでした。とにかく床がいつ抜けてもおかしくないほどモノだらけ……。

それらを見て、この溜め込まれたモノたちは、義母の潜在意識そのものではないか、と感じました。

義母が私たちに部屋を見せたがらなかったことも、ひとり暮らしをすると言い張ったことも、それとリンクしていて、自分の弱い部分や、めちゃくちゃになってしまっている家の有り様を人に見せたくない、モノを捨てられるのが嫌と、頑《かたく》なにガードしていたのだと思います。

歩くと埃《ほこり》が舞い、カビの悪臭もひどく、天袋の奥は虫が湧いていたり……。最初は自分たちでなんとかしようと思いましたが、作業中に私が肩を痛めてしまったこともあり、専門家に相談すべく話し合いが進んでいる最中です。

●家の生死を決めるのは住人

高齢のおひとりさまが増えている今、空き家の溜め込み御殿は決して珍しいことではないと実感しています。

私はかつて大手のハウスメーカーに2社勤めていて、快適にお住まいいただくご提案の仕事の経験が約20年あります。

「家は一生に一度の買い物」と言われるように、ほとんどのお客さまは夢いっぱいでマイホームを購入される。でも、3000軒近いお客さまを担当し、定期的にご訪問をする中で、家を本当に大事にキレイにして暮らしてらっしゃるお宅は、たった1軒だけでした。大げさに言っているのではありません。そのお宅にうかがうと、思わず深呼吸したくなるような、お寺や神社に行ったときのような静けさ、空気の清浄さをいつも感じました。

大半は、半年過ぎるとモノが増え、動線が塞《ふさ》がれ、まるでモノが主人で人が住まわせてもらっているようなご家庭がほとんどになるのです。

私は「家は生き物」と思って仕事をしていました。その生死を決めているのは家の住人です。モノでいっぱいの家は息ができなくて苦しそうで、呼吸ができていないと感じていました。

やましたが、「モノに埋もれて死んでいく人はじつに多い」と言っていますが、一緒に家も死んでしまっているなと感じます。

●自分の家を断捨離して、義母を責める気持ちが手放せた

では、「自分はちゃんとできていたのか」と言ったら、もともと溜め込む性分ではないけれど、我が家もまだまだ不要なモノを抱え込んでいたことに、断捨離のおかげで気づくことができました。

夫の実家が溜め込み御殿になってしまったことは残念ですが、大事なメッセージをくれたと思って、我が身を振り返るチャンスにしています。

義母に対して、「なんで家がこんなになるまで放っておいたのか」「私たちへの迷惑を考

えられなかったのか」と、責める気持ちもずっとありました。でも、自分の家のモノを断捨離して、空いたスペースを磨いていると、1年はかかりましたが、徐々に義母のことも受け入れられるようになったのです。

義母は、日本の高度成長期の恩恵をめいっぱい受けた、いわばイケイケの世代です。モノをたくさんもっていることは豊かで素晴らしいという価値観だったのでしょう。それ以前のモノがない暮らしも知っているから、捨てることはもったいなくてできない。義母にはその発想すら浮かばなかったように見えます。

それに義母は義父を介護している間、私たちにSOSを出していたかもしれないけれど、私たちはそれを拾うことができなかった部分もあるかもしれません。

しかし、今は今。「こうなったのは誰の責任か」ということに囚われるのではなく、「私が今できることをしよう」と考えられるようになったら、義母を責める気持ちも消えていきました。

義母たちの世代を親にもつ私たちが、その価値観を無意識に引き継いでいるのもまた事実です。その証拠に私も親が用意してくれた嫁入り道具や着物を捨てられずにいましたし、夫は私以上に「捨てる」ということが苦手な人でした。しかし、実家の有り様を見て考えが変わったようです。

義母がそうだったように、多くの人は年を重ねると、自分の体の心配はするけれど、自分が集めたモノの面倒をみるという意識が欠けていくことを、断捨離が教えてくれました。子どもはもう独立していて、私たち夫婦だって、いつどちらかが「おひとりさま」になってもおかしくないのです。

子どもたちからは、「この家にあるものは何一ついらない。借金も貯金もいらない。何も残してくれるなよ」とハッキリと言われました。

私が断捨離を始めて家の風通しがよくなったからかもしれません。私たちの死後を見据《みす》えた話が自然にできるようになったことも、有難いと思っています。

●断捨離は人の心も救ってくれる

子どもに迷惑をかけたくないという思いもあり、断捨離初心者の私は、最初のうちはエンジン全開で豪快に捨てていったのですが、やっぱりそれでは疲れてしまう。今は「今日の一か所」を決めて黙々と断捨離しています。

引き出し一つでも、「この前、なぜこれを残したのかな？」という気づきが必ずあります。それが面白いし、心も体もスッキリするんです。

余計なことを考え始めても、どこか磨き出すと、「今」に戻れる。夫が帰宅するまでにはさっぱりして、ごきげんでいる自分にふと気づいたとき、やましたの言う「ごきげんな暮らし」が本当にあること。それも自分で簡単にできるんだと嬉しくなりました。

断捨離は空間も救ってくれるけれど、人の心も救ってくれる。そのよい影響が家族や周囲の人、社会へと広がって、やましたが言うように「断捨離は世界を救う」に繋がっていくのだなと今は理解しています。

義母の空き家問題はまだ完全に解決したわけではありませんが、まずは目の前の自分の空間を断捨離して、流れに任せていこうと思っています。

第3章

多拠点生活のすすめ

〜おひとりさまの
意識縁の育み方

多拠点生活は視野の広がりをもたらす

私が鹿児島の指宿に「リヒト」と名付けたリトリート施設をつくったのは、新型コロナウイルスの感染が拡大した東京で過ごし、「一時的でも退避できる場所や、仲間との時間をもてる場所が必要」と危機感を抱いたのがきっかけでした。

私自身も根城《ねじろ》と呼んでいる東京のひとり暮らしのマンションとリヒトとを行き来する、いわば二拠点居住を始めました。

理想は月の半々を双方で暮らすこと。実際は、3分の1が指宿、3分の2が東京といったところです。

コロナ禍をきっかけに都会から離れ、地方へ移住している人も増えていると聞きます。私は、どちらかを選ぶというより、田舎にも都会にもそれぞれの良さがある。そのどちらも体験したい。その行ったり来たりが、心地良く性に合っていると感じています。

リヒトは丘の上にある砦《とりで》のようで、実際に行くのは時間もかかるし大変です。でも、私自身はさほど不便を感じていません。飛行機に乗ったら東京から1時間ほどで鹿児島。そこから車や電車で1時間半程度です。

旅行なども家から近すぎると、日常の延長のように思ってしまうもの。ちょっと不便なくらいがちょうどいいのかもと思ったり。

日常からエスケープした感覚があって、景色もガラリと変われば、意識も変わる。時空間に合わせて、自分の視野が広がっていく。それは、二拠点生活を始めたからこそ実現できたことだと感じています。

おひとりさまが気兼ねなく行ける場所が必要

身軽に、動きたいときに動けるというのは、おひとりさまの特権ですね。

しかし年を重ねると、新しい人と深く仲良くなるのは面倒になるのも事実。

人と深く繋がらなくていい。そのときそのときを大切に、おひとりさまが誰にも気兼ねすることなく、ふらっと行ける場所、温かく迎えてくれる場所があったらどんなに安心で、生活そのものが豊かになるか。それを叶える場所がリヒトなのです。

リヒトは、「1日だけでも旅行客ではなく住人として暮らす」をモットーに、部屋の掃除も自分たちで担《にな》います。

発酵米食などの1日2食の食事が提供され、標高約300メートルにある施設一帯の自然や温泉を楽しめる。

リヒトでは、いらした方を「おかえりなさい」と迎えます。住人なのだから、「いらっしゃいませ」はおかしいですものね。

1泊でもいいし、長期滞在もできる。一日部屋で過ごしてもいいし、人恋しくなったら、ラウンジに来れば誰かしら話し相手になってくれるでしょう。自分で共同のキッチンでお茶を淹《い》れたり、料理もできます。

家族がある人が自分軸を取り戻し、おひとりさまを楽しむ場所

最初はとにかく、孤独感や疎外感のある人たちが集えるリトリートを思い描いていまし

リヒトのロビー

た。

しかし蓋《ふた》を開けてみたら、家族の元を離れて、思い切って長期滞在をしてくれた方が、私が思う以上にいらっしゃった。

その方たちは、ここに来て自分の存在を、確認しようとしている。

これまで完全に夫軸、子ども軸、家族軸でずっと人生を歩んできた人が、自分軸を取り戻す、人生の再構築に繋がる場所としてもリヒトは機能し始めています。


いざひとりになろうとして、まったく見知らぬ土地に出向いても、逆に寂しかったり、虚《むな》しかったりするだけ、となることもあるものです。

ひとりの時間もいいけれど、偶然居合わせた意識縁で繋がった者同士が、ご飯を食べ、互いの話に耳を傾けて同じ時空間を共有する中で、笑顔になっていきます。


私は、思い切って家族から離れてリヒトに来てくださった方が、心からの笑顔を取り戻したのを見たとき、とても嬉しかったですね。

しばしのおひとりさまを満喫し、今までの家族関係、夫婦関係、親子関係を違った視点から改めて自分に問う。

また家に戻り、新たに家族との関係をクリエイトする。そこでまた何かつまずくようなことがあったら、またリヒトに戻ってくる。それこそ行ったり来たりの選択をする方もいらっしゃいます。

まさに、リヒトは自分を見つめ直すための、ねぎらいの時空間、癒しの時空間、そして励ましの時空間なのです。

意識縁のセーフティネットとしての役割

年を経れば経るほど、信頼をベースにした軽やかなコミュニティに自分が属していることが、おひとりさまの生活を安心かつ充実させていく、一つの鍵となるでしょう。

病に倒れたときの不安を感じる、おひとりさまは多いのではないでしょうか。独居高齢者の孤立死や事故の発生は社会問題にもなっています。

65歳以上のおひとりさまは約737万人。おひとりさま予備軍ともいえるおふたりさま（65歳以上の夫婦のみ世帯）は約694万世帯といいます（厚生労働省、令和元年6月調査)。政治や行政がどうにかしてくれるのを待つだけではなく、個人個人がつくるセーフティネットも必要な時代となってきているのです。

リヒトに長期滞在されていた40代後半のおひとりさまの女性がいました。実家からはすでに独立。仲が悪いわけではないけれど、親とは「自分がどこで何をしていようがもう関係ない」と自立した関係を築いている。そして、自分を立て直すため、仕事を早期退職して1年くらいリヒトで暮らし、新しい仕事を探そうとしていたのです。

その女性と、ある日突然連絡が取れなくなったことがありました。「熱が出たので自分のマンションに戻る」と聞いたのが最後。すぐに断捨離の講座があったけれどそれにも欠席。彼女は休むときも必ず連絡をくれる人なのにそれもない。だから、みんなですごく心配しました。

スマホも応答がなく音信不通から5日経ったとき、意を決し、彼女の地元の警察に相談しました。家族ではないから警察に突っぱねられるかもと覚悟の上で。

リヒトは指宿の街並みと錦江湾《きんこう》を見下ろす高台に位置する

「ひとり暮らしで、ご家族もこの状況は知らないから、早く調べてください」と訴えると、警察の人は、「玄関を破ってもいいのですが、後で誰が玄関ドアを弁償するかでいつも揉《も》めるんです」と。命が先でしょうに、「なんでもいいから早く！」と、「ただちに！」との想いで訴えた結果、彼女が家の中で5日間意識不明で倒れているのが見つかりました。

ベッドから落ちて、そのまま意識を失い、自分の体重で動けなくなって、足の壊死《えし》が始まっていた。すぐ病院に運ばれて、何とか足の切断は免《まぬか》れましたが、もう少し発見が遅かったらそうなっていたでしょう。

警察は救急車を呼んでくれたけれど、その後の状態は個人情報で、家族ではない私たちには教えてくれませんでした。

後日、彼女のお母さんが「どなたが通報してくれたんですか？」と警察に訊くと、「それは教えられません」と言われたそうで。警察の人が私たちに「家族の方に、誰が連絡したか教えていいですか？」と訊いてきました。いいに決まっています。

それだけのやりとりをして、やっとお互いに事情がわかる。これが今の私たちが暮らす社会なのです。

社会はまだまだ家族という血縁関係を最重要視している。加えて、個人情報というシステムが大きな壁になっています。

それがよくわかり、私たち断捨離のコミュニティでは、緊急連絡先のすべてを確認、見直しました。それまでネットでは直接個人と繋がっていたけれど、おひとりさま本人がいざという時に本人への連絡だけでは機能しないことがあるからです。

彼女は、1か月半入院し、リヒトに戻ってきました。彼女には実家もありますが、親と弟が住んでいて自分の居場所はない。リヒトのほうが自分の居場所だと言っていました。

これは、緩やかなコミュニティで繋がっていたからこそ命が救われた例です。

もちろん彼女はコミュニティの良き仲間であったから、周りの人間もみんな心配した。

そう考えると、おひとりさまが意識縁を育むには個人の資質や意識も問われます。

新たな縁をどうクリエイトしていくか。自分をいかにより良い存在にしていくかにコミットすることも大切です。

個々のセーフティネットをつくろう

おひとりさまであっても、会社勤めであるなら、出勤しているか否かがそのまま安否確認にもなるけれど、自営業やフリーランスの方はそれがない。しかも、自由な働き方が推奨されていて、何にも属さず個人で働く人はさらに増えていきます。

そんな社会の変化にシステムが追いつかない、不備な状態の中で、私たちはおひとりさまを生きているのです。

「同じマンションの別の部屋」に住む「友だち近居」や、ひとり暮らしに共用部分やコミュニティをプラスしたアパートメントで新しい形の共同生活を行なう場も増えてきていると聞きます。

自分で緩やかなネットワーク、軽やかなコミュニティをどう確保するか。

意識縁は一人ひとりがつくるセーフティネットになります。

人と人とのセーフティネットが築けるかどうかは、真の自立であり、おひとりさまを謳《おう》歌《か》する秘訣にもなるでしょう。

誰もが自分が受け入れられる場所を求めている

振り返るとコロナ禍の自粛生活は、同調圧力ストレス下で、外に積極的に出ることが憚《はばか》られる空気が社会全体にはびこり、一様に右に倣《なら》えでみんながステイホームをしていました。

独居の方の中には、まるでこの広い世界にひとりきりと、孤立感を深めた人もいるでしょう。

コロナによる感染爆発のような非常事態に限らず、もし自分ひとり取り残されたような孤独を感じたとき、自分に行く場所があると思えていたら、どうでしょう。

実際にそこに行く、行かないは関係なく、受け入れられる場所があると思っていられることは、どれだけ救いになることでしょう。

リヒトは血縁や地縁は一切関係ありません。断捨離に興味がある人が集まる意識縁の場です。

リヒトをつくったのは、そういう場所が存在することで、いざという時の頼りは肉親だけというのは思い込みにすぎないことに気づいてほしいという想いもありました。

断捨離に限ったことではなく、趣味の仲間でも、仕事仲間の延長でも、散歩仲間でもいいのですが、本当はいろいろな人や場所と自由に繋がって、血縁や地縁を超えた関係をつくることができる。

今、もし必要以上の孤独を感じているとしたら、それは新たな繋がりを求めていない、もしくは閉じているだけなのかもしれない。

そういった視点をもってみることも、おひとりさまを楽しむ扉を開くことになるでしょう。

誰もが「生き直したい」という願望を密かにもっている

誰もがおひとりさまになりうるということは、誰しもが孤独予備軍ともいえるということとです。社会全体に、職場や家庭、あるいは地域でも、孤独感や孤立感が高まっているともいえますね。

コロナ禍で人との接触が断たれるという異常事態を私たちは体験しました。そこからふたたび、女性や若い層を中心に自ら命を絶つ人が増え始めたというのは、なんともやるせない事実です。


私たちにとって、究極の願望は何か。

じつは、自殺願望です。しかも自死という形で。驚きましたか？　たとえば、不満とストレスで疲れ果て、まるで出口の見えないトンネルの中に迷い込んだようなとき、「死んでこの苦しみから逃れたい」と、考えたことがある人は少なくないでしょう。

「自殺とは孤独の病」とはよく言ったものです。日本社会での「孤独」の現状は深刻です。一時より減ったとはいえ、自殺者が年間2万人以上に達していることはご存じの方も多いでしょう。

話し相手がいない独居は、よからぬ方向へと妄想が膨《ふく》らみがちなもの。ひとりだと考えがどんどんマイナス方向に流れていく。客観的な立場から「そんなことないよ」「考えすぎだよ」と言ってくれる人がいない。

誰かに話したいのに話せない、頼りたいのに頼れない。それがどれほど苦しいか。

唐突ですが、あなたは家出願望がありますか？

私には昔からありました。時に重石《おもし》になったり、足枷《あしかせ》になったりという家族や家から離れたい、ふらっとひとりでどこかに行きたいとなる。

私は東京で独居をしているのだけれど、それでもひとりでどこかへ行きたいなとふと思うことがあります。根無し草なんですね。

私は先日、滅多《めった》にすることのないひとり旅をしました。状況的にひとりで行く形になり、ひとり旅なんて寂しいものかなと思ったけれど、なかなかそれが面白かった。そして思ったのです。ああ、そうかひとり旅に出ることは、ある意味、家出願望を違う形で叶えている行為なのだと。

もう一つ、変身願望も誰にでもあるのではないでしょうか。

私たちが外出前に洋服を考えてメイクをするのも、ある意味お手軽な変身ですね。イメージチェンジをして大胆に変わりたいという願望、「あんなふうになりたい」という憧れですね。

断捨離で自分軸を取り戻して、ごきげんな人生を

自殺願望、家出願望、変身願望。この3つには共通していることがあります。

俯瞰してみると、共通する一つの望みが浮かび上がってきたのです。

確かに、どこか可愛らしい変身願望と、自殺願望では深刻さは雲泥《うんでい》の差だけれど、根っこは同じだったのです。

答えは、「**生き直したい**」ということ。

自殺願望は、今世ではない、生まれ変わって違う人生を生き直したい。

家出願望は、家を中心とした日常に縛られている自分から、違う生活を生き直したい。

変身願望は、違うファッション、違うヘアスタイル、違うメイクをして、違う自分を生

き直したい。

私は、そう思った。みんな、自分を生き直したい。

死にたくて死んでいく人も、じつは生き直したくて死んでいっている。

だったら、生きよう。今を生き直せばいい。

違う人生を生きたいのなら、そうしましょう。

今を生きる。自分に素直になって生きるということを決める。

遊びたいなら、遊ぶ。自由に飛び立ちたいなら、飛び立っていいんです。

人生は、思い通りにはならないけれど、決めた通りにはなります。

人生は、人の数だけ価値観がある。「人生いかに生きるべきか」という本もたくさん出ていますし、あなたにもあなたの価値観があるでしょう。

人生は、楽しむもの。

私は、それ一択です。だからこそ物事の選択基準は、楽しいか楽しくないか。面白いかもしれないと思えるか。
しかし、これは楽しいに違いないと思って選択しても、それが楽ということではない。
むしろ大変だったりするものです。でもやっぱり、楽しい。でもやっぱり、面白い。

あなたは、どんな人生を生きたいですか。
あなたらしく自由に暮らしたいなら、決めましょう。
断捨離で自分軸を取り戻して、ごきげんな人生のステージをスタートすることを。
断捨離は、決心して行動するだけです。さあ今、自分を生きましょう。

ケーススタディ

新井みづゑさん　断捨離トレーナー　50代

「面倒くさい」を断捨離したら、自由でハッピーな二拠点暮らしに繋がった

私は今、断捨離トレーナー兼リヒトの管理人として、住まいのある埼玉と、指宿の二拠点生活を送り、充実した毎日を過ごしています。

30代のほとんどを、海外でスキューバダイビングのインストラクターとして生活していました。断捨離と出合い、実家に戻って3年くらい経ったとき、やましたがリヒトをつくって、自分の家以外に居場所を見つけられたらステキと思って動き出すことができました。

断捨離という意識縁で繋がった家族が集まる場所、リヒトはとても心地良く、頻繁に訪れているうち、管理人のお話をいただきました。

当初は、一方を断捨離して、埼玉と指宿のどちらかを選ばないといけないのかなと感じながら行ったり来たり。

でも、どちらも私にとっては捨てがたく、大事な場所と素直に思えた。だったら、二拠点で暮らせばいいんだと思い、指宿と埼玉の生活リズムはだいぶ違うのですが、自然に切り替えられるようになりました。今は移動も含めてそれぞれの空間をとても心地良く感じています。

◉「どうしたら自分が心地良いか」常に問いかけることが大事

リヒトでは、やましたやトレーナーたちと寝食をともにしています。みなさんの日常の生活ぶりを間近で見られることはとても有難く、何気ないところに断捨離のヒントが溢れています。

たとえば、やましたはリヒトに来ると、必ずと言っていいほどパントリー（食器や飲料などの収納スペース）の断捨離から始めます。

リヒトは、共同生活をしていますからそれなりに常備品がありますが、やましたが断捨離した後のパントリーはまるで美術館のよう。たとえば箱詰めされた1ダースのジュースは、開封され手に取りやすいように角度をつけて置いてあるんです。そういった、美しさを起点とする断捨離の仕方にハッとすることもしばしばです。

また、断捨離では「ゴミ袋の中身は8割程度にする」と教わります。ゴミ袋をパンパンにすると運ぶ人がもちにくかったり重すぎたりしてしまうからです。

それは私の頭の中に入っていたのですが、ある晩のこと。夕飯の片づけをしているとき、ゴミ袋の中身が5割程度になっていることに気づきました。私は、明朝集まるゴミを入れると7割程度になるな、と思ってキッチンを出ました。

すると、入れ替わりにやましたが来て、ゴミ袋の口をささっと閉じたんです。やましたは一日の終わりのタイミングだからゴミを出した。確かにそのほうが、〝一日が終わった感〟があって気持ちがさっぱりするし、朝もクリーンな状態からスタートできます。

私は8割になるまで待っていたけれど、量の問題ではないんだと気づきました。目安はあったとしても、「どうしたら自分が心地良いか」という問いかけが常にあるんだと再発見！　そのような気づきがたびたびあり、埼玉に戻ったときの自分の生活や、断捨離トレーナーとしての仕事に活かすことができてラッキーだと思っています。

リヒトの管理人は3人いて、ローテーションを組んでいます。すれ違いも多いのですが、「こんなふうに整えておいてくれたんだ」とか、気遣いを受け取ってじんわり温かい気持ちになれることもよくあります。

血縁も地縁もないけれど意識縁で結ばれた仲間と繋がり、温かい人間関係の中で生活できるなんて、断捨離に出合う前の私では、まったく考えられなかったことです。

リヒトに集まる人たちは本当に家族のようであり、自分のもう一つの居場所だと思えます。

リヒトは癒しの場でもあり、断捨離の実践の道場でもあります。

一つひとつの行動が、断捨離的かそうでないか。自分の考えを常に確かめ、試すことができる場。何を採用するのか、しないのか。意識縁の仲間たちを通して、自分の断捨離がどれくらい進んでいるかを感じることができるのです。

◉立ち直れないほどの落ち込みが断捨離で救われて……

私がこんなふうになれたのも、おひとりさまとしてトコトン自分と向き合った時間がベースになっていると、心底思っています。

私が断捨離に出合ったのは海外にいた頃です。スキューバダイビングの指導はやりがいがある仕事で、そのこと自体に大きな悩みはありませんでした。

でも当時の私は、その仕事こそが存在意義のすべて。これを取ったら私には何一つ残らないと思っていました。なぜなら、仕事があれば少なくともお金が入ってくるし、結婚していなくても生活ができる。だからこそ、絶対にこの仕事だけは失ってはならないと考えていたんです。

そこには、長年の結婚コンプレックス、潜在的なお金や健康への不安、根深い自己否定も関係していたことが、後々わかりました。当時の私は、何しろ自分のことが大嫌い。自分はダメ人間で、いろいろなことがふつうの人のようにできない人間だと思い込んでいたのです。

仕事がすべての私でしたが、ある日職場で大きなダメ出しを受けて、立ち直れないほど

モノを減らし、玄関マットも取り除き、白い玄関ドアや奥行きのあるホールを活かすようにしています。帰ってきたときにほっとできる空間になりました。

キッチンには、洗ったお皿を置く水切りラックや三角コーナーはありません。洗ったお皿はふきんやキッチンペーパーの上に置いて、ある程度乾いたらペーパーで拭いてしまっています。生ゴミはポリ袋に入れ、その都度捨てます。

落ち込んでしまったことがありました。

しょっちゅう自分にダメ出ししていましたが、人からも大きなダメ出しをされて、とうとう「もう今回は、ほんっとうにダメ！」と世界中からも、辛《かろ》うじてこれまで付き合ってくれていた「内なる自分」からも見放された気分に……。真っ暗闇の中、孤独と不安の中を何日ももがき続け、とても苦しかったです。

とにかく今の状況を変えたい。そのとき、断捨離というワードがふと頭の中に浮かびました。

断捨離は片づけ方法の一つくらいの認識でいたのですが、記憶の中に「自己肯定感が上がる」「自信がもてる」と書かれていたことを思い出したのです。

急いでネット検索するとパソコンの画面いっぱいに、やましたの笑顔がパーッと広がっていて、「ああ私助かったー」と息を吹き返した気分になりました。

じつは、自分が「助かった」と思ったこと自体が、とても意外でした。

なぜなら、結婚しているわけでもなく、子どももおらず、ほとんど社会の役に立ってない。そんな私の人生なんていつ終わってもいい、とよく思っていたからです。

でも、やましたの笑顔を見て、全身に喜びのエネルギーが一気に駆けめぐったのを感じて、「私の本心は、救われたかったんだ」と気づくことができたのです。だったら、その自分のためにも、この人の笑顔についていこう！　そう思いました。

◉賞味期限切れの食品を断捨離。新鮮な食事で心が元気に

私はオンラインの断捨離塾に入ったのですが、すぐにモノを捨て始められたわけではありません。というのも私の悩みはお部屋の片づけではなく、心の痛みを取り除きたいということだからです。実際、モノがすごく多いという状態でもなく、「お金がない」という悩みもありましたから、余計なモノは買わず、必要最低限で暮らしていました。

断捨離塾では、毎月設けられたテーマに沿って学びが進みます。

私が受けた最初のテーマはダイエットでした。しかし自分を追い詰めるあまり、むしろ食べられない、眠れないという状態でしたので、「ダイエットには困っていない。早く心を救う答えをください！」と内心では思いつつ、やましたの講座を受けていました。

すると、「自分の体は自分の容れ物です。あなたは体の中に何を入れて、何を出してい

ますか?」というやましたからの問いかけに心が揺さぶられたのです。

断捨離でいうダイエットの要《かなめ》は、痩せる痩せない以前に、まず、自分に何を与えているかという視点でした。

改めて自分の冷蔵庫を開けてみると、赤い値引きシールが貼られた賞味期限切れのモノばかり。こういったモノばかりを与え、自分を粗末に扱って、自己肯定感が上がるはずないわと納得でした。

値引きされた食品ばかりを買っていたのには理由があります。一つは「お金がない」からです。節約のために、食べたいモノより安いモノを常に選んでいました。

もう一つは、賞味期限や消費期限が過ぎたものを食べていても、「私は健康だから大丈夫」と、思いたかったからです。

「ダイビングは体力仕事でいつまでできるかわからない」「日本に帰っても資格もないし、大した職歴もない」「夫も子どももいない」「好き勝手なことをして根無し草と思われているから両親には頼れない」……。私は〝ないないづくしの女〟と思っていたので、健康くらいは自信をもちたかったのです。

それがわかって、行きつ戻りつではありましたが、食料品を断捨離することができました。

その後、できるだけ新鮮な食事を摂《と》るようにしていると、体調がどんどん良くなり、心も元気になってきて、そこで初めて断捨離はすごいと実感。

そこからは俄然、断捨離が面白くなりました。もともと部屋のモノは少ないとはいえ、今の自分にとって要・適・快を基準に選べばまだまだ不要なモノがたくさんあった。それを手放しました。

◉断捨離は自分の言い分を聞く面白い作業

半年くらい経ち、ソファに寝っ転がって部屋の中をもう1回見渡していたときです。「これ、誰の家?」と急に怖くなって外に飛び出してしまったことがありました。

もう一度玄関のドアを開けると、部屋の中には自分が「欲しい」と思って選んだモノが一つもなく、店員さんや友人に薦《すす》められたモノばかりなことに愕然《がくぜん》として……。鏡に映った自分の髪型や服装も全部、誰かがその時々で「これがいいんじゃない」と言ってくれたものばかり。他人軸オンリーで生きてきた自分を発見したのです。

もしかしたらそれが、自分がいつもモヤモヤしていたり、イライラしている理由なのかもしれないと感じました。だったら、今度は自分の要・適・快で買うモノを選ぼうとしたのですが、それがまったくできない。誰かに「間違ってる！」「おかしい！」「なんでそんなの買うの⁉」と怒られたりしたらどうしようと思って、いざ買おうとすると足がすくむのです。

でもレッスンだと思って「自分の家なんだからいいじゃない」と自分を励まし、押し問答しながらも、徐々に家のモノを、本当に好きなモノに入れ替えていきました。

「断捨離は自分の言い分を聞く面白い作業」という言葉があります。

私は内なる自分の言い分を無視し続けていたから、断捨離の時間はこれまでの自分の言い分を思う存分聞いてあげるつもりで取り組みました。

断捨離を1年半くらい続けた頃、これまでひとりで過ごす時間は、明日仕事に行くまでの暇つぶし、ひとりで楽しいわけがない。みんな何しているんだろう？　くらいに思っていたのですが、とても穏やかで楽しい時間と感じられるようになっていました。

この部屋は私が子どものときから使っていた部屋。子ども部屋をそのままにして実家から出てしまったので、すべて断捨離して今の自分にふさわしいと思うものだけ揃えました。

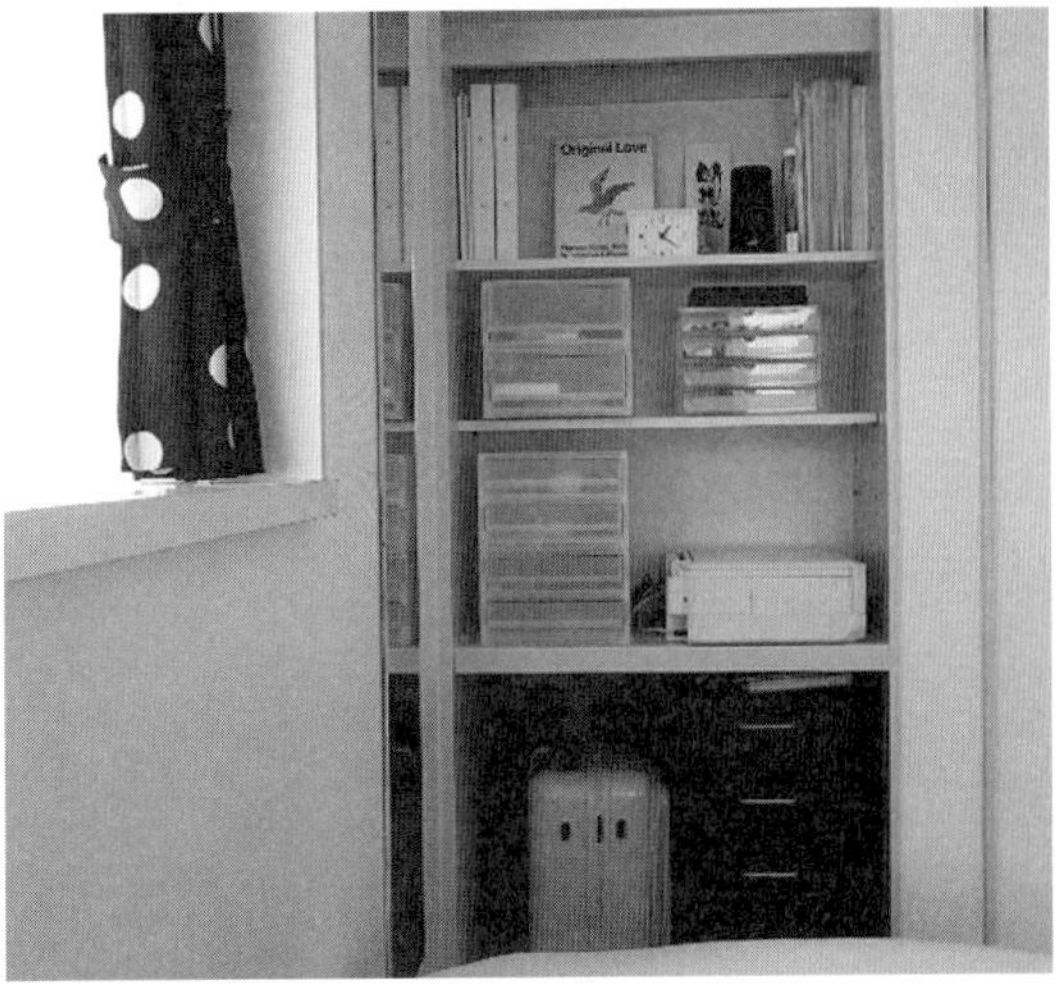

作業をするときは、デスクにモノが溢れることもありますが、終わったらその都度この収納に戻すようにしています。簡単に戻せなくなったらモノが増えた証拠と思って即、断捨離です。半透明の引き出しは無印良品のモノ。収納はここ一か所にまとめています。

◉「面倒くさい」の断捨離を決意

そして、私がこれまで「自分はできない」と思っていたさまざまなこと。たとえば、結婚も、家具選びも、親との会話も、何に対しても、その根っこが「面倒くさい」という強固な思考に結びついていたという特大の気づきに辿りついたのです！

自分で考えるのが「面倒くさい」から、人に薦めてもらったモノを買う。

何かにトライして失敗したり修正したりするのが「面倒くさい」から、誰かに一番良いことを聞く……。

料理もほとんどできないし、ママ友とうまくやるなんてできないし、夫に怒られたりするのはもっと嫌だし。そんなふうに勝手に考えて「私は結婚できない」と決めつけている……。

このように、朝起きてから眠るまで、何でも「面倒くさいな」と思いながらやっている自分がいました。周りの人たちからも「面倒くさがり屋だよね」とよく言われ、「そう思われるのも仕方ない」くらいに開き直っていたりもしました。

ただただ自分が「面倒くさい」だけだったなんて……。それに気づいたときは、「その通り」というのと、「まさかそんなことで」という納得しきれない感情にしばし翻弄《ほんろう》されて、もう降参です！　という感じでした。

私にとって「面倒くさい」は当たり前のことすぎて、なかなか気づけなかった。「あれやだ、これやだ、面倒くさい」ばっかり言って、自分が一番面倒くさい人になっていたのです。

私は、「面倒くさい」の断捨離を決めました。

「不要なモノを出したら、何が入ってくるか。それは天にお任せ」と、断捨離では言います。「面倒くさい」を断捨離したからといって面倒くさがらない私が手に入るとは限らないということです。でも自分にとって必要なタイミングで、来るべき流れがやってくる。それを信じて断捨離しました。

「面倒くさい」という言葉を使わないことに始まり、「面倒くさい」と思う前に行動する、面倒くさいと思ってしまっても自分を責めたりせず、気持ちを切り替えて行動するという具合です。

しばらくすると、同じ自分でいるつもりなのに、何気なく入ったお店のスタッフさんや、周囲の人の対応が、以前の私への対応とは違うと感じるようになりました。

自然で柔らかい対応なんです。相手の私への印象が変わったのだと思います。もしかしたら今までの私は、「面倒なやつが来たぞ」と思わせるオーラを振りまいていたのかもしれません（笑）。

◉仲違《なかたが》いしていた父と仲直り

1年半余り断捨離をした後に起きた最大の変化は、日本への帰国でした。それは父の余命が短いと母から連絡が入ったことがきっかけでした。

自分の望んだ嬉しい変化とは真逆でしたが、天からのサインは良いことばかりではないことを、やましたの話をはじめ、断捨離体験ブログを読んで知っていました。

私は父と折り合いが悪く、何年も口を利いていませんでした。結婚していない引け目もありましたし、実家に戻るなんてもっての外、と思っていました。

でも、その知らせが入ったとき、次の段階に進むタイミングが来た、とすんなり受け止

大型家具を処分し、床を張り替え、全身が映る鏡を設置。ヨガやダンスをするための部屋にしました。
この部屋には昔、私が読んでいた絵本がたくさん保管されていました。母と一緒にこの部屋を断捨離するとき、「結婚の予定もないし子どももいないから私はいらないよ」と話したら、「孫が生まれたらと思っていたけど、わかったわ」と手放してくれて。
どこか結婚を期待されていることを重荷に感じていたのですが、絵本の断捨離をきっかけにその話ができて我が家にとっても大きな断捨離だったと感じています。

められました。たとえ今の仕事を失うことになっても日本に帰って、家族や実家と向き合うときだと。

結果として、父と最期の時間を過ごすことができたことに今とても感謝しています。病室で少しずつ会話をする中でわだかまりが解け、一対一の人間としての関係が築けたことは、今、私の中で大きな自信になっています。

母も、その数年後に見送りました。母とは一緒に実家の断捨離をして、侃々諤々《かんかんがくがく》やり合いました。

私は何でも捨てたがりましたが、母には捨てがたいモノがたくさんありました。でも、私は投げ出すことなく、母の気持ちをないがしろにせず、言い分を聞くようにしました。母のモノに対する気持ちから母の人生が垣間見《かいまみ》えることも多く、親とぶつかり合うことを恐れることはないな、と気づかせてもらいました。

面倒くさがりの私がそうできたのは、自分も相手も尊重するということを断捨離を通して学べたからです。

食器棚はゆとりある空間を心がけています。ワンアクションですべての食器に手が届く、が収納の目安になります。実家で暮らしていても、量はひとり暮らしのときとほぼ変わっていません。

私は結婚に対する執着や恐怖がありました。でも、たとえ結婚しなくても両親がちゃんと向き合って自分を受け入れてくれたこと、実家にも自分の居場所があると思えたことで、結婚する・しないは、どちらでもよく、どちらにしても私は大丈夫と思えるようにもなりました。

◉おひとりさまにこそ断捨離を勧めたい

断捨離は、ともすると主婦のため、家族のある人のものという見られ方をするけれど、じつはそうでもなくてひとりで生きるおひとりさまにすごく役立つツールです。

私は今、リヒトでは多くの意識縁の仲間と暮らしていますが、私がひとり時間で行なった断捨離がすごく貴重だったと感じます。

家族がいると、自分ひとりの時間を確保するのに大変なこともありますが、おひとりさまは時間をつくりやすい。

それに、たとえ家族がいたとしても、自分と自分の関係が、人間関係のベースになります。自分が整った上で人と関わるとすごく楽に人間関係が構築できるようになります。

私はひとり暮らしの時間が長く、実家に40代前半で戻りました。

ひとりは自由ですから、「もう誰とも暮らせない、たとえ家族であっても」と思っていたけれど、断捨離で自分を整えていたおかげで、前進できたのだと感じています。

今、おひとりさまで、実家に戻るのが怖いと思っている人に、きっと大丈夫、とお伝えしたい。そして、その時々の意識縁を大切に、どこでも楽しくやっていける自分にだってなれるよ、ということを。

第４章

おひとりさまの断捨離の極意

自分らしく生きるために断捨離する

この章では、おひとりさまの断捨離で具体的に何をしたらいいかを、見ていきましょう。

最初に申し上げておきたいのは、あなたが独居だとして、明日死ぬかもと想像し、そのために身辺整理をしましょうと言いたいのではないということ。

いつまで生きて、いつ死ぬかは誰しも予想がつかないこと。考えても答えが出ない未来のことよりも、「死」を意識するならば、今自分はどうしたいかと捉えてみましょう。

断捨離での時間軸は常に「今」です。

あなたがおひとりさまとして、あるいはおひとりさま予備軍として、これからよりよく生きるために断捨離をすると考えてみてください。誰のためでもない。自分の人生を楽しみつくすために、不要なモノ、コト、人を取り除く作業をしていきましょう。

ここまでお読みいただいた方はすでにお気づきでしょう。

断捨離は、単なる片づけ論ではなく、自分らしく生きるための実践です。

自分に不要なモノは何？
自分に必要なモノは何？

その問いを繰り返していくことで、本当に自分にふさわしいモノが見えてきます。それが、生きるのが楽しいという想いに繋がっていくのです。

シンプルで心地良い空間で、好きなモノに囲まれながら生きる。

それってステキだと思いませんか？　私はその状態を「ごきげん」と呼び、常に自分がごきげんであるためにはという問いを自らに投げかけています。

独居のおひとりさまは、周りに気兼ねすることなく断捨離ができるという点で、物理的な作業がしやすいのは大切なアドバンテージですね。

ひたすら自問自答して、本当に必要なモノだけを招き入れる。身の回りのモノをコンパクトにしてフットワークがよくなれば、行きたいときに行きたい場所へと動けて行動範囲も広がるでしょう！

断捨離はミニマリストにあらず

断捨離という言葉は、「断行《だんぎょう》」「捨行《しゃぎょう》」「離行《りぎょう》」というヨガの考え方の頭文字をとったものです。

余計なモノが入ってくる前に食い止め、いらないモノは手放す。そうすることで、新たなモノを取り入れることができる、ゆとりある状態をつくることができます。

断捨離では、「捨てる」という行為を繰り返すことで環境を快適にし、自分にとって心地良い空間をつくっていくことで心も整えていきます。

断捨離イコール「捨てる」というイメージをおもちの方もいるかもしれませんが、なんでも捨てて、モノがない状態をヨシとするものではありません。

心地良い空間をつくるために、自分で選び抜いた心が潤うモノ、自分の生活を助けてくれるモノたちを周りに置くことを目指します。

なので、自分にとっての豊かさや心地良いという感覚を、あらかじめ知っておくことはとても重要です。

私はこれまでたくさんの方のお宅にお邪魔していますが、中には、モノはないのだけれど、あっさりしすぎて味気ないお宅もありました。

お話を聞いてみると、自分らしさを見失っていて、モノは少ないけれど生活に潤いがないと感じたものです。

お気に入りを常に選び、関係性が終わったモノを手放すことで、新しいモノと出合えるようになります。私たちが手に入れたいのは、心地良い住空間ですね？　断捨離はその手段なのです。

断捨離の基本

断：入ってくるモノを断つ　↓　必要のないモノを断ち、必要なモノを選び抜く。

（物理的なモノのみならず、パンパンのスケジュールや流し見するネットニュースなどの情報を入れていることで、余裕を失っていることも知りましょう）

捨：いらないモノを捨てる　↓　必要なモノを選んで残し、抱え込んだ不要なモノを捨てていく。不要なモノを処分する

（捨てることが目的ではなく、それ以前の「選択・決断」が重要。「捨てる」は結果にすぎません）

離：モノへの囚われから離れて、自在な境地に誘《いざな》う　↓　本当に必要なモノかどうかを考える

（モノや物事を俯瞰して、客観性を養う。どのような関係性を築けば自分が快適でいられるかを常に問いましょう）

断捨離が進まない落とし穴　チェックポイント

◎「捨」ができない3マインド

(1)捨てるのが「面倒くさい」

何かと理由をつけて、「面倒だから」と行動を起こさないのは、モノと向き合い、ケアをすることから目を背《そむ》けている状態です。

⑵捨てるのは「もったいない」

「何かに使える」「どこかで使える」から「もったいない」と考えるのは、モノを捨てることに後ろめたさや罪悪感を抱いているからです。

⑶捨てられないのは、「せっかく」のモノだから

「せっかく」のプレゼントだから。「せっかく」買ったのだから。そういって、必要のないもらいモノ、無用なモノなどを残しておきたくなるのは、過去に執着している証かもしれません。

◎あなたはどのタイプ？　モノが増える人の3タイプ

モノが増える傾向は大きく分けて3つあります。

どんな人の心にも混在していますが、どの傾向が強いかがわかると、自分を客観的に分析できて、断捨離に取り組みやすくなるでしょう。

①過去執着型・・・写真や手紙、子ども時代の工作などを後生《ごしょう》大事に保管しているタイプ。口ぐせは「せっかく」「もったいない」。

②未来不安型・・・未来への不安を解消するために投資しがち。日用品を過剰にストッ

モノが増える人のタイプ① 過去執着型

モノが増える人のタイプ② 未来不安型

クしているタイプ。口ぐせは「でも」「だって」「いつか使う」。

③現実逃避型・・・多忙などのせいで家のケアができずに散らかり、片づけが面倒になって部屋から逃げているタイプ。口ぐせは、「とりあえず」「面倒くさい」。

あなたにとっての本当の豊かさは何ですか

私たちの身の回りは、あると便利だけれど、なくても困らないモノで溢れています。

私たちの意識は、どうも「不足」のほうに焦点を当てがちなようです。

「足りる」と「足りない」。

どちらが損か得かで考えたら、やはり「足りない」より「足りる」ほうがお得だし、満足感があると思いますよね。

たとえば、食事のこと。「これで足りるかしら？」「もう一品増やしたほうがいいかしら？」「栄養的に足りているかしら？」と、お客さまをもてなそうとするときは、とくに心を砕くでしょう。

お呼ばれした立場になれば、食卓にたくさんごちそうが並んでいるのを見たら、歓迎されているようで嬉しいですよね。

確かに食べ物が常に足りないような状況は、健康面を考えると残念なことだけれど、食べすぎ飲みすぎで摂取カロリーが過剰になることは、私たちの健康を損《そこ》なう要因でもあります。お腹いっぱいなのに、「食べなくてはいけない」という状況も苦しいものです。それに食べ物を残すのはとても忍びない。つくってくれた人の気持ちを考えたらなおさらです。

つまり、飢えと飽食はどちらも同じ、残念で不幸な出来事と言わねばなりません。

食べ物に限らず、現代社会は、じつのところ、何もかもが過剰な社会です。

私たちは、たくさんあること、獲得していくこと、増やしていくことが称賛される社会で生きてきました。だから身の回りがモノで溢れています。

おびただしい量のモノ、食べ物、情報、人間関係……。

私たちはすでに十分にあらゆるモノをもっているのかもしれません。必要なモノは揃っている。なくて困るより、ありすぎて困っているというのは、有難い悩みです。なくて困っている国に住む人たちは地球上に多くいるというのに。

満たされているという今の幸せに気づくこと。その上で、あなたの身の回りを総点検してみましょう。

あなたが過剰にもちすぎているモノは何ですか？

ひとり暮らしなのに、フルコース用の食器が5ピースずつ、カトラリーも5人分ある。

それはなぜもっているのですか？　テーブルは2人掛けなのに？

掃除がしにくい、手入れがしにくい、どこに何があるかわからない、ずっと使っていないモノがあるというのは、間違いなくモノが過剰な証拠です。

もしまだ「足りない」と感じるモノがあるならば、「なぜ足りないと思うの？」「どれくらいあれば足りると思う？」と、自分に問いかけてみてください。

本当はすでにモノは十分に足りている。なのに、見栄や欲張り、買えなくなったら困るという不安から不足を感じているのではないか、疑ってみてください。

不安からモノをいくら求めても、満足することは永遠にないでしょう。


あなたが求める本当の豊かさは何ですか？

それは愛情？　お金？　健康？　そこでモノを挙げる人は少ないのではないでしょうか。

自分に必要なモノ、本当に手に入れたい豊かさが見えてくれば、過剰なほどのモノたちは不要であると、手放すことができるでしょう。

何よりも「捨てる」を優先する

断捨離では、「捨てる」ことが優先です。もし「捨てる」という言葉に抵抗があるならば、「**手放す**」と捉えてみたり、「**今、必要なモノを選ぶ**」と、視点を変えてみましょうか。心理的なハードルが下がりませんか?

とはいえ、たいていの場合は「捨てる」も「手放す」も後回しになりがち。たくさんのモノをどうにかうまく収納して、片づけようと考えます。

一般的な収納とは、「洋服をタンスに収納する」というように、中に入れてしまうこと。入れるが先です。だからみなさん、カラーボックスやつっぱり棒、デッドスペースを埋める収納グッズなどを買って、そこにモノを詰めることをします。

いる・いらないの判断を適当にして、とりあえず取っておく。収納に隠してしまうことで放置し、忘れてしまうのです。しかしそれでは、モノが減ることはなく溜め込みの解消には繋がらない。収納グッズというモノがさらに増えていくことにもなっています。

一方、断捨離は、最初に詰まっているモノを徹底して出す。それから入れるという行動。「出す」が先です。「出す」は、すなわち「捨てる」ことであり、物量が減っていきます。収納に収まっているいらないモノを出すと、空間が生まれます。不要な棚やラックも出てくるでしょう。それらも処分すれば、わが家はこんなに広かったのか、とみなさん仰天するのです。

そうして**選び抜いたモノ、一つひとつを「活かす」**。それが断捨離です。

棚の奥にしまい込んだままでは、モノを活かすことはできませんね。断捨離はいかに収納しないかを、考えることとも言えます。

そして、選び抜いたモノをいざ並べるときの合言葉は、「取り出しやすく、しまいやすく、美しく」。

それが、片づけやすく、散らかりにくい部屋を保つ極意でもあるのです。

さあ、家のモノを断捨離しよう！

「何が入っているかわからない戸棚の奥の段ボール箱」「何年も開けていないタンスの引き出し」……。私たちは都合の悪いモノは何であれ見たくないものですね。

いいですか。「まだ使える」「いつか使う」は悪魔のささやきです。今必要ないモノに「いつか」はやって来ません。未来を不安というフィルターをかけて見るより、「今」困っている自分を見て、あなたの環境を救いましょう。

何事も億劫になりがちな自分自身に鞭《むち》をうち、今こそ勇気を出して一歩を踏み出していきましょう！

想像以上にモノを溜め込んでいることに気づいて、うんざりするかもしれない。ショックを受けたり、自分を腹立たしく感じたりすることもあるでしょう。

そこでしょげないで！　みなさん一度どころか、二度三度とうんざりするものです。でも、その気持ちは原動力になります。「**もうこんな溜め込み部屋には戻らない！**」。そう思えたら、こっちのものです。

「ブランドの限定品だから」「代々引き継いでいるモノだから」と、モノや他人を理由に捨てられなかった経験はありませんか？

それは、自分軸ではなく、モノ軸や他人軸で考えているからです。

「これから必要になるかも」「あの頃買った大事なモノ」などと、未来や過去ではなく「今」という時間を軸に、自分との関係性を問います。

「今、私に必要なモノかしら？」

その際、「必要か（要）」「ふさわしいか（適）」「心地良いか（快）」の3つの視点でふるいにかけます。その問いに「ＹＥＳ」と返事が返ってきたモノだけを手元に選び残すのです。この繰り返しで、自分に最適なモノを選び取る見極め力もアップします。

断捨離のやり方

1．モノを出して俯瞰する

食器棚や押し入れ、クローゼットなど、どこか1か所を選んで、収納されているモノを水平面にすべて出して俯瞰してみましょう。

すべてを見渡すことはとても大切なプロセス。同じようなモノがいくつも出てきたり、失くしたと思ったモノが出てきたり、もはや忘れたモノが出てきたり……。どんな想いで買ったのか、なぜ使わなかったのか、なぜしまい込んだのか、いろいろな想いから自分とモノの関係が見えてくるでしょう。

断捨離初心者さんは5分から始めよう

断捨離を初めてする方は、目の前にある小さなモノから始めてみてください。たとえば、バッグやお財布の中、テーブルの上、引き出し一つなど。5分くらいやってみて、一つでも捨てられたら自分にOKを出しましょう。小さいエリアだけでも断捨離すると、その爽

断捨離のやり方 1. モノを出して俯瞰する

快さから続けたくなるものです。

冷蔵庫も断捨離が取り組みやすい空間です。食料品は賞味期限・消費期限が断捨離の明確な判断基準になります。冷蔵庫はモノが限られているので、短時間で断捨離できて成果を実感しやすいでしょう。

2．使えないガラクタ、ゴミを捨てる——一次審査

壊れている、汚れている、使えない、存在を忘れていたモノはガラクタそのもの。捨てて困ることはほとんどありません。ときどき捨てなければよかったと思うモノがあったとしても、不要なモノを溜め込んで死蔵化するほうがハイリスク。手放すことで、新しいモノとの出合いが待っていますよ。

3．「いる・いらない」今の自分に必要なモノを絞る——二次審査

考え込まずに直感で、「いる」「いらない」「保留」と書いた箱などに、どんどん仕分けていきます。**要・適・快の3つの基準でふるいにかけて**。それをくり返していくうちに、自然に「ふるい」の精度が上がっていきます。

断捨離のやり方 2.
使えないガラクタ、ゴミを捨てる（一次審査）

断捨離のやり方 3.
「いる・いらない」
今の自分に必要なモノを絞る(二次審査)

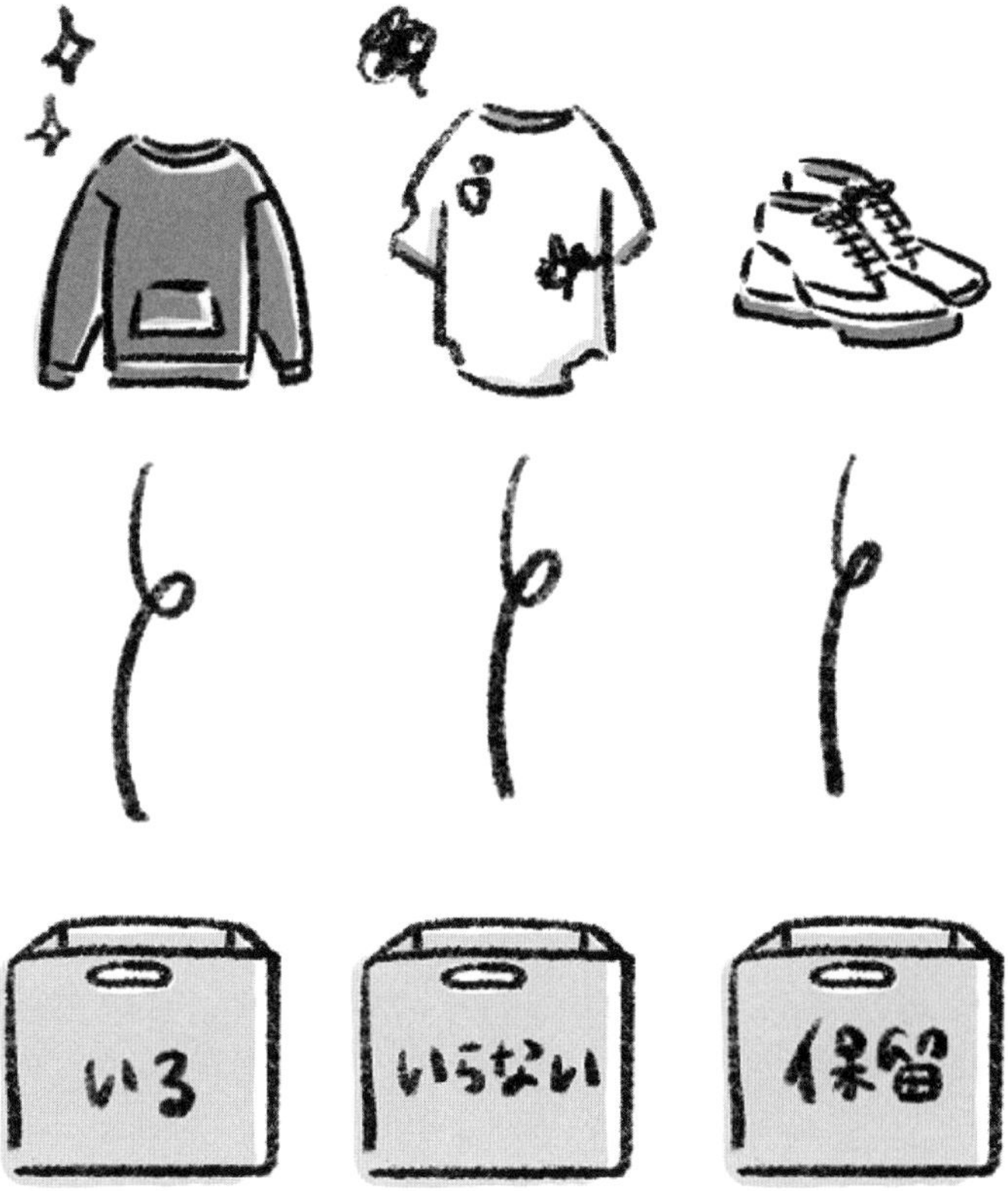

大事なのは、ムリして「いらない」に入れないこと。迷ったら一時的に保留もＯＫ。「せっかくもらったモノだから」「まだ使えるし」と悩んだら、プレゼントしてくれた相手（他人軸）ではなく「自分」に、過去・未来ではなく「今」に注目して判断を。

自分軸と「今」という時間軸を意識してモノを取捨選択できれば、今の自分に必要なモノを選び抜くことができます。

とりあえず保留の先延ばし、本当にいいの？

「とりあえず」は決断を保留し、問題の先送りを導く言葉です。

とりあえず保留にしたとしても、元の引き出しに突っ込んだまま忘れてしまっては、元《もと》の木阿弥《もくあみ》ですね。

私たちは「とりあえず取っておこう」「とりあえず行こう」とは考えますが、「とりあえず置いておこう」とは思わない。「とりあえず」は現状維持のスタンスを選んでいるのです。

もちろん、あなたにはモノを捨てる自由もあれば、残す自由もあります。心地良い空間を取り戻すと決めたのに、「とりあえず」のままが埋もれていて本当にいいですか？　翌日に保留箱を見たら、「捨てていいモノだな」とあっさり決まることもあります。保留に頼りすぎないように。

4．さらに選び抜いたモノを戻す——三次審査

モノを元の場所へ戻す際、本当に残すかどうか。要・適・快のセンサーをフル稼働させて、最終的に判断しましょう。

収めるときは、「取り出しやすく、しまいやすく」。そして何より「美しく」を忘れずに！

モノとのお別れの仕方

不要なモノは瞬息《しゅんそく》で処分が鉄則。とはいえ、愛着のあるモノをゴミとして捨てにくい場合があるもの。その場合、人にあげる、売る、寄付するという方法で手放すことも視野に入れてみてください。

けれどモノへの想いは、まったく個人的であることを覚えておかなくてはなりません。あげて迷惑になったり、売ってガッカリしたりすることも。その覚悟も必要です。

収納スペースにしまうモノの量の目安

断捨離では、収納は「取り出しやすく、しまいやすく、美しく」をモットーに、収納の形態に応じて、その量の目安があります。

「見えない収納」は7割、「見える収納」は5割、「見せる収納」は1割。

この「7：5：1の法則」は断捨離の唯一のガイドライン。余白がモノを引きたててくれる。スッキリのさらに上をいく美しさを目指していきましょう。

「見えない収納」は7割まで

押し入れやクローゼットや引き出しなど、通常は扉が閉まっていて中が「見えない収納」にモノをしまう際の量の目安は、空間全体の7割までに。

これは、モノの通り道をつくり、出し入れをしやすくするための最適な割合です。

見えないのだから、モノがパンパンに詰まっていても、ごちゃごちゃに入っていても平気だろうと思うかもしれませんが、実際問題として、そんな状態では奥のモノは取り出しにくくて仕方ありません。

まず手前にあるモノを移動して、奥のモノを出して……とやっていませんか？　それも面倒になって、手前にあるモノしか使わなくなるということもよくあります。

3割の空間を設けることで、「片づけよう」と

「見えない収納」は7割まで

いう気持ちも自然に起こってきます。
実際に掃除もしやすく、時短にもなりますね。

「見える収納」は5割まで

ガラス扉の食器棚、キャビネットなど、扉は閉めていても中が「見える収納」にモノをしまう際の目安は、空間全体の5割にします。

常に中が見える点を考慮して、見えない収納より美観を重視した状態で収納していきます。そのちょうどよい下限が5割なのです。

「見せる」でもなく、「見えない」でもない。多くても、少なすぎてもバランスが崩れます。ガラスを一枚隔てた空間の美しさを引きたてるには、5割がベストです。

「見せる」収納は1割

玄関のシューズボックスやサイドボードの上など、あえて水平面の「見せる収納」スペースにモノを置く際の目安は、空間全体の1割に。

美術館やギャラリーが非常によいお手本になります。

広い空間に絵画が1点だけ飾られているのは、何とも美しいものですね。

住空間においてそうした場所はそれほど多くありませんが、その1割のスペースにワンポイント置くくらいの気持ちでモノを飾れば、日常的な雑貨でさえも美しさが引き出され、立派な装飾品に

なります。

＊

「7：5：1の法則」を紹介すると、せっかくのスペースがもったいない、と驚き、しかも入れるモノの少なさに嘆かれる方もいます。

そう思うのは、まだまだモノを選び抜くまで辿り着いておらず、総量が多いからでは？モノの総量が減ってくると、「これしか入れられない」から「こんなに入れてもいいんだ」と視点が変わります。モノを選び抜く面白さを味わえるようになるのです。

総量がなかなか減っていかない人は、「7：5：1の法則」をモノを選び抜く際の前提にしてみてください。

今「見える収納」にモノが10点入っているけれど、5割にするには5点減らす必要がある。「さて、どの5点を残そうか」という視点を使ってみましょう。

断捨離しにくいモノの考え方――「洋服」「食器」「本や書類」

おひとりさまにピッタリの簡便で自由自在な暮らしを目指していざ行動となったとき、家の中で断捨離しにくいモノが出てきます。

個人差はありますが、「洋服」「食器」「本や書類」「想い出の品」は常連です。「想い出の品」については、43〜44ページで触れました。その他のモノについて考えてみましょう。

洋服――

あなたの洋服は、なりたい自分を後押ししてくれる存在になっていますか？

クローゼットに山ほどある洋服を眺めながら、「着るモノがないな」と、幾度も呟《つぶや》いたことがあるのでは？

それは、洋服はたくさんあるけれど、「今の私」が「着たいと思う服」がないという証拠。

なぜ着たくない服を抱え込んでしまうのか。それは「もったいない」からです。

洋服は買った瞬間がもっとも鮮度が高いアイテム。食べ物と同様に、旬があるのです。だから、ある程度時期が過ぎると味が落ちていく。「なんか違うな」となったりするのです。でも、自分は買ったときの価格、商品価値を知っているし、傷んでもいないとなれば、潔く捨てる気持ちになれないのですね。

洋服の断捨離は、性格のタイプによって悩みが2つに分かれる傾向があります。

一方は、洋服はもちろん、その他のモノもたくさんもっていて、家の中がぐちゃぐちゃ。一向に片づかない。**日々多忙で面倒くさいことには目を瞑《つむ》って先送りする現実逃避タイプ**です。

もう一方は、**洋服はたくさんあるけれど、きちんと収納することに命をかけて、時間と労力をすり減らし疲れてしまっている几帳面《きちょうめん》タイプ**です。収納好きな人に多いのも特徴です。

どちらのタイプであっても自分に問いかけてほしいのが、「**自分は洋服に何を求めてい**

るか」ということ。

あなたは何を一番重視して、服選びをしていますか？

「無難に見えるもの」を優先しているとしたら、そこには怖れや防衛といった心が隠れているかもしれません。

高級ブランド品ばかりだとしたら、そこには見栄が潜んでいるかもしれません。

それが良い、悪いではなく、何を基準に服選びをしているか。それが明確であることが自分軸です。たとえば私自身は、今年の夏は洋服でどんな自分を演出しようかと戦略的に考えることを楽しみ、洋服を人生の味方にできたらいいなと思っています。


女性は気分転換にいつもは手を出さない色の服を衝動買いしたりすることもあるでしょう。家に帰って、やっぱり派手すぎたと後悔したという話はよくありますね。それを悔いることはなく、いつもワンパターンで変わり映《ば》えしない自分を変えてみようとした。そのチャレンジ精神を肯定してあげることも大切です。

しまいっぱなしにするのではなく、その服をぜひ着てみましょう。明るい色は気分がアガるなど、新しい発見があるかもしれない。洋服は、たくさん着てあげることが一番の活かす方法です。

ちなみに私は、**毎年シーズンのはじめに基本の3セットを買って、それを着回します**。**新しい洋服から新鮮なエネルギーの流れを吸収し、十分に楽しんだらお別れです**。

洋服はブランドや人目を気にすることなく、自分の気持ちを最優先にして選び、楽しんで身に纏《まと》いましょう。

食器

食器はあなたにとってどんな存在？　あなたの命を輝かせてくれるものですか？

食器も洋服と同じく、いつのまにか増えているアイテムの一つ。欠けたり、割ったりしない限り、また引っ越しでもなければ、大きな見直しがされないまま、溜め込まれていきます。

食器についても、洋服同様に問いかけが必要です。

食器はあなたにとってどんな存在でしょうか。

ただ食事をとるために使うモノという人もいれば、器が大好きで、お店で食器を眺めながら、どんな料理を盛りつけようかと、テーブルセッティングを考えたりする人もいるでしょう。そういう人にとっては、食器は日々食事とともに自分のエネルギーとなってくれるものなのですね。

食器は食べ物という命の源をのせ、そのエネルギーをさらに高めてくれる存在です。器に美しく盛り付けられた食事をいただくと、自分の命が喜んでいるのがわかります。そう考えると、食器選びや食器使いを侮《あなど》ることはできません。食事同様に食器にも心を配れば、より健康にエネルギッシュに人生を生きることができるでしょう。

食器に対して美やセンスを求める人は、自分や家族をもてなす感覚をもっているということです。

たった一食でも「ま、いっか」で済ませることなく、お気に入りの器に食事をのせて、自分をおもてなしすると、じつに豊かな気持ちになれます。自分を大切にすることにも繫がっているのですね。

断捨離では、第一に「自分や家族をもてなす」という考え方が基本。

ですから**食器を、来客用と普段使いに分けては考えません**。

食器棚を見渡して、総量が明らかに多すぎる場合は、不要なモノを減らしましょう。手元に置いておきたい食器だけを厳選して選びとります。

もしかしたら、来客用に考えていたとっておきのワンセットだけが残るかもしれない。断捨離では食器棚の収納は5割までとお伝えしています。おひとりさまなら、まるでギャラリーのように、美しく映える器が並ぶようになるはずです。それを日常も来客時も関係なく、普段使いにしてください。そのたびに、あなたを輝かすお手伝いをしてくれるでしょう。

本・書類

捨てられない本、書類は、あなたの承認欲求の映し鏡

モノを溜め込む理由の一つに、「承認欲求」があります。

「私はこんな人よ！　こんな賢いのよ！　こんなにセンスあるのよ！　見て！」

という気持ちをモノに投影していたりします。

人の目に触れやすい洋服やバッグ、アクセサリーをたくさん買ってしまうのも、「それを身に着けたステキな自分を見てほしい」という承認欲求の表れです。

じつは、家で散らかっている雑誌、書籍などの本類、資料、書類といった紙類も、それと同類なのです。

本は、知識をいっぱいもっている自分。資料は、情報をもっている自分。書類は、仕事を頑張っている自分。

こんなふうに、溜め込んでいるモノの中に、自分の承認欲求が象徴化されている場合が往々にしてあります。

それに気づくことができると、いつまでも捨てられない、ひたすら溜め込む、という悪

循環から抜け出していけるのです。

気持ちよく人を呼べる部屋にする極意

水平面にモノを置かない

1章で、おひとりさまにとって、「気持ちよく人を呼べる家」は、意識縁を結ぶ時空間として機能するうえ、自己肯定感も上がるというお話をしました。

ここで一つ、見違えるほど部屋がキレイになる断捨離のコツをお伝えしましょう。

それは、水平面にモノを置かないことです。

水平面とは、テーブル、床、ソファ、棚の上、カウンターの上、キャビネットの上、キッチン台の上などです。

1つ置いてしまうと、私たちは2つ、3つとモノを置くことに抵抗がなくなります。

「置いてもいいよ」と許可をされたと思ってしまうのです。

たとえば、よく使うからと、食卓にティッシュの箱や新聞、DMなどをぽんぽん置いていたりしませんか？

「キャビネットの上には飾り物を置いているんです」と言っても、いつのまにか横に腕時計やボールペン、卓上カレンダーが置かれていたりするのが現実。そうやって空間は雑然とし、ノイズにまみれていくのです。

いっそのこと、水平面にモノを置かない、出しっぱなしにしないことを習慣にすると、部屋は見違えるようになります。

急遽《きゅうきょ》家に人が訪れるというようなときも、リビングのテーブル、ソファやイス、床の上のモノを取り除くところから始めてみてください。

まずテーブルの上のモノを断捨離します。続いてソファの座面やイスに着手します。最後に床の上のモノを取り除きましょう。掃除がしやすくなり、埃も一掃されて、スッキリと気持ちのよい空間が広がります。

おひとりさまの空間の見直し

①　大型家具を断捨離しよう

生活空間に溶け込みすぎていて、それが機能しているか見過ごしがちなのが、大型家具です。

とくに、ひとり暮らしの場合、ワンルームや1Kのお部屋にお住まいの方も多いでしょう。

6〜8畳ほどの部屋にソファやローテーブル、ベッドが入り、さらにモノを置くとなれば、その圧迫感は想像するに余りあります。

加えて、収納がなかったり、あっても小さいからと、天井まで聳《そび》え立つ壁面収納が配置されていたりするかもしれません。

空間と家具との不釣り合いによって、どれだけ居心地が悪くなっていることか。

その不釣り合いは、どこまでいっても不釣り合いで、その家具が十分に活かされる家に住みかえるか、断捨離する以外に解決することはありません。

モノの断捨離を済ませたら、大きな家具、とくにソファや大きな収納家具を思い切ってなくす方向で考えてみてはいかがでしょう。

なくなって困るどころか、空気の通りがよくなり、各段に動きやすくなります。

収納が減り、モノを置くスペースが限定されたほうが、物量の基準ができるので、自ずと残せる量がわかり、モノを手放しやすくなる作用もあるのです。

大型家具というのは、空間を圧迫したり、不要な収納スペースや機能していない場所をつくったりするだけではありません。

それらは、たいてい重量があります。それだけ移動するのも処分するのもひと苦労なわけです。おひとりさまはとくに、自分が運べる重さのモノを選びましょう。

自分が動かせるモノだけにしておけば、家中の掃除がしやすいうえ、清潔感が保てます。

家具選びのコツは、空間とのバランスとフレキシビリティ

家具は、こまごまとしたモノと違って、断捨離の中でも「断」つ勇気がひときわ必要です。

家具は大切に使い続けるものという意識が働くからでしょう。それなりの金額も投資しているはずです。

広々として天井も高い家具屋さんでは、大きな家具が映えるようにディスプレイされています。それをそのまま家にもってきて、部屋の空間のバランスが成り立つかどうか。買うときに、「これ大きくない？」「本当に必要？」とよくよく自分に問いかけてみてください。

私もかつて存在感のあるソファに悩まされたひとりです。よって**今はリビングにソファはありません**。

家具選びは、「空間とのバランス」と「柔軟に対応できるかどうか（フレキシビリティ）」。その2点を念頭におくとよいでしょう。

たとえば、私のリビングの家具は最小限。ダイニングテーブルと書斎机は兼用です。そうすることで、お客さまの人数に柔軟に対応できる空間になりました。床でゴロンとくつろぐこともできます。

② 家の安全と健康に配慮する

おひとりさまの中には、家族の人数が減っても、大きなモノの見直しはしていないという方も多いのではないでしょうか。

寝室の大半を占めるような洋服ダンス、家族5人の食糧を預かっていた大型冷蔵庫、キッチンの壁に並んだいくつもの食器棚、脚立《きゃたつ》がないと届かない場所にある収納……。

こういったモノに囲まれて、自分は小さな炬燵《こたつ》に入っていたりしませんか？

私たちは年齢を重ねる中で生じる体の変化に応じてモノを絞り込み、置き方を見直す必要があります。

まず、私たちが暮らす住まいという空間は、なにより安全と健康が最優先されるべきです。

落下の危険や転倒の危険と隣り合わせの生活をしていることに気づかない。

落下の危険を考えたら、もちろん高い場所にある収納は、もう使わないほうがいいでしょう。

背の高い家具の上や裏には埃が堆積し、開けていない引き出しはカビ・ダニの温床にもなる。家具が多ければ掃除をするのも大変ですよね。

地震が頻繁に来たりすると、どうにかしなきゃと耐震対策はするけれど、そのモノ自体を動かそうという発想がない人が多いのです。

断捨離は、小さなところから始めるのが鉄則ですが、シニアに限っては大型家具から断捨離するのをおすすめします。

③ 家のダウンサイジングをする

かつては不動産という財産であり資産であった家も、現在ではモノという生活の残骸《ざんがい》、私たちの生活と人生を圧迫する負債と化しています。

家を負債としないようなライフスタイルを、おひとりさまは意識してつくっていく必要があるのです。

理想は、自分ひとりが扱える生活空間の暮らしに切り替えること。もし大きな実家でひとり暮らしをしているようならば、家そのものをダウンサイジングして住み替えることです。

賃貸か分譲かの問題ではなく、どんな状況でもさっさと乗り換える身軽さと思い切りのよさが、人生をより豊かに変えてくれます。

余計なモノと大きすぎる家は、地縁と似ています。私たちを「そのとき」「その場」に固定するものです。

もちろん人生は人それぞれです。ずっと同じ場所で暮らすことを好む人もいるでしょう。私は身軽でありたいから、断捨離をしています。

私の断捨離は、モノを片づけるため、家をスッキリさせるためだけではない。自分が軽《かろ》やかに、より自由自在であるためのものです。

年齢に限らず、おひとりさまは、現状認識をとくに疎かにしてはなりません。

自分で自分の始末をつけていく覚悟が必要です。だったら、一日も早いほうがいい。

あなたが今までモノを長年にわたって溜め込んできたのなら、それはそんなに簡単にキレイな状態にもっていけないということ。それは家そのものも同様です。

第5章

おひとりさまの人間関係の断捨離

人付き合いを見直そう

人間関係は、モノとの関係以上に手放すことが難しく感じられるかもしれません。それでも、この機会に見つめ直してみませんか？

人は誰しもがおひとりさまになる可能性がある。そうなっても、ならないとしても、真の自立をして生きることが自分の人生を輝かせることと、お伝えしてきました。

そこに人間関係を問うことは不可欠です。

一緒にいると気を遣いすぎてしまう、なぜかイライラしてしまう、会った後はすごく疲れる。そんな煩《わずら》わしさを感じる人付き合いは、遠慮していいのではないでしょうか？

人との断捨離で考えるポイントは、「距離」と「頻度」です。

当然のことですが、苦手な相手でも距離が遠く、会う頻度が少なければ、負担も軽く、摩擦が起こりにくいもの。

一緒にいて違和感を覚える相手とは、徐々に距離を置く、自分からはアクションを起こさないようにしてみましょう。

ただ、それが職場での人間関係であったりすると、そう簡単にはいきませんね。しかし職場はある意味、気を遣って当然の場ともいえます。

なぜその人を苦手と思うのか、自分に問いかけてみましょう。もしかしたら、自分の過剰反応かもしれません。

相手にどう思われるか心配になるときには、「**自分はどうありたいのか**」を考えてみることです。

「嫌な人間関係に悩みながら、これから先ずっと生きていくの？」と。そこから転職など思い切った行動ができるかもしれないし、たとえば、上司は嫌だけれどこの会社でスキルを磨くことが自分のためになると捉えられたら、意識が変わり、嫌な上司のこともさほど気にならなくなるかもしれません。

おひとりさまこそ自分軸を鍛えよう

人間関係においては、とくに自分軸を見失いがちです。

なぜなら、「よく思われたい」「悪く思われたくない」という意識が働くから。だからこそ、人からの依頼やお誘いを断るには勇気がいるのです。

断ることで相手の気分を害することは、いけない行為。結果、いけない行為をする自分は悪者だという、罪悪感を覚えます。

だからといって、人間関係において、犠牲者になることほど、「やらされていた」と被害者意識を募らせることほど、虚しいものはありません。

他者にどう思われるかを気にしない、気にならない自分。

それは**孤独を恐れず、孤独を引き受ける覚悟もある自分**。これが人間関係の自分軸です。

それを承知のうえで、嫌いな相手とも付き合うことを選択してもいい。関係を断る勇気も、関係を受け入れる覚悟も、どちらも自分軸で選択することです。

大切な人には自分から連絡を

人付き合いを見直して、長い付き合いだったのに、ちょっと引っかかることがあって、なんとなく疎遠になった友人。反対に、理由はわからないけれど相手から距離を置かれているかも、と思う人はいませんか？

関係を見つめ直して、**大切な人だと思ったなら、自分から連絡をとってみては**いかがでしょう。

とくに高頻度で会い、近距離の関係の人ほど、よく話し合って互いの考えや気持ちを確認することは大切です。

人と真摯《しんし》に向き合うことが大切だとわかっていても、案外できていなかったりするものです。自分の伝えたいことを伝え、相手の話にきちんと耳を傾けてみましょう。

とくにおひとりさまは、意識縁が人生のあらゆる面で支えになってくれます。

意識縁を結んでいける相手かどうか。自分はそういう人間であるかを考えてみることも大切です。

別居している家族と以心伝心はありえない

どんなに親しい仲でも、適切なケアをせず放っておくと、人間関係は壊れる。それは家族にも言えます。家族だから、遠く離れて暮らしていても、気持ちは伝わる。以心伝心だと思っていませんか？

実家を出て都会でひとり暮らしをする娘。実家でひとり暮らしをする高齢の親。立場は違えど、どちらもおひとりさまですね。

同居ほど接触回数は多くありませんが、物理的な距離が遠いぶん、不仲になることはないと考えてしまうと危険です。

「娘はそのうち田舎に戻って面倒をみてくれるはず」

娘さんに確認しましたか？　そんな気はさらさらないかもしれませんよ。

「母は、私を頼りにしていないわ」

お母さんに確認しましたか？　老後の面倒をみてもらおうと待っているかもしれませんよ。

音信不通気味の身内がいるならば、近況を聞くなど何気ないコミュニケーションから始めましょう。

自分の伝えたいことを一方的に伝えるのは身勝手ですね。**「身内だからわかって当然」は、どの場面でもありえません**。相手の気持ちを思いやりながら、話し合いをすること。そこから逃げないことです。

——第6章——

おひとりさまで迎える最期

どんな最期を迎えたい？

いつ訪れるかわからない最期。

私たち誰もがもっている運命は、いつ死が訪れるのかわからないということ。

死は、年齢に関係なく、貧富にも関係がなく、健康か不健康か、元気か病気がちかも、まったく関係なく不条理に訪れます。言い換えるならば、私たちは死ぬまでは、今の自分がどういう状態であれ、どうあっても生きなくてはならない宿命を等しく背負っていると言えるでしょう。

だとしたら、自分の最後の有り様、すなわち「死」を考えるのは、それまでを「いかに生きていくか」を考えることに他ならないこと。

そこで、問題になるのは、延命医療のこと。どうやら、私たちは、救命と延命の違いを明確には意識していないよう。

命が救われることは、肉体的、社会的、精神的、この3つの命の回復が伴ってこそ。たとえ、高度な延命医療によって肉体的な命が繋がれたとしても、意識を取り戻すことなく、ただただ、呼吸をしているだけだとしたら。

そんなふうに自分の有り様を俯瞰したとき、自分がそれを、どこまで望むのか、考えておく必要があるのです。

今の時代、最期の日は病院などの医療施設で終えることがほとんどです。そのとき、すでに、自分の意識が混濁しているか、機能していないか、といった状態だったとしたら。それは、自分の肉体的な死を、医療任せ、医療従事者任せ、にすることを意味しています。

医療関係者は、頭が下がるほど懸命に私たちの「肉体の死」を遅らせようとしてくれます。でも、それが不可能となると、最終の判断は血縁関係にある身内に委《ゆだ》ねられることになる。

一度、人工呼吸装置が装着されたのならば、それを外すことは、誰にとっても極めて困難な苦悩の選択決断となるはずですね。なぜなら、いわば人知を超えた「神計《かみはか》らい」の領域である「生死」の決定に自分が加担することになるからです。

ならば、明快な意識があるうちに明確に意思表示しておきたいと。

それにしても、一口に延命処置といってもいろいろです。

せめて家族が駆けつけてくるまでの数時間ということもあれば、本人、家族の意思に反して、数年間ということもあるでしょう。あるいは、生きていてさえくれればと心から願う家族もいるのかもしれません。

けれど、私たちは、おひとりさまなのです。ひとりで死に逝《ゆ》くことの覚悟はつねにもっていなくてはならないおひとりさまなのです。

ならば、自分の肉体的な命の死を、他者任せにするのは、どうあっても避けたい。

自分の今世においての人生のクロージングは、どこまでも自分らしくありたいと願っている私。

そうですね、潔く死に向かって飛び込んでいきたいもの。けれど、実際、そんな最期を自分が迎えられるかどうかは、今もってはなはだ心許《こころもと》ないばかり。

だからこそ、もっともっと潔く生きていくことに意識を傾けていこうと思うのです。

肉体的な死と社会的な死

私が今、もしも結婚していなくて、もしも子どもを授かっていなかったとしたら、世間からみれば、間違いなくおひとりさまの範疇に入ることでしょう。

実家の父母は亡くなり、たったひとりの姉もその娘であった姪《めい》もすでに亡くなっているので。つまり、私は、生まれた家系の最期のひとりであり、家族の死の社会的なあと始末をその都度引き受けてきたのです。

両親にとっては、あの頼りない娘ひでこが、姉にとっては愚図《ぐず》の妹ひでこが、姪にとっては遠い日本のひでこおばさんが、家族の最後を見届ける役目を担うなんて想像もしていなかったことでしょう。

それは、他ならぬ私自身も感じていること。

それにしても思うことはこれ。

国際結婚をしていた姉は、ドイツ、フランクフルト郊外で急逝。外国で亡くなった日本国籍者の死亡届に不備があったせいなのか、日本の役所でなかなか受理されず、非常に辛い思いをした経験があります。

肉体を離れ旅立っていった姉が、日本の戸籍上では未だに生きている存在として扱われる現実と乖離《かいり》した事態に、私の悲しさはつのるばかりでした。法的な死が認められるには、その後3か月を要したことが思い出されます。

姪にいたっては、ドイツからの死亡届がなく、未だ社会的には生きている存在と見做《みな》されているのです。

姪の社会的な死の法的な手続きをしていくことが、まだ終わっていない私の役目。これを、私のひとり息子に先送りするわけにはいかないですね。けれど、すでに亡くなっているという悲しい事実に向き合うと、この手続きにいったいどんな意味があるのかと、そこはかとない怒りにも似た感情が湧いてくることを私は白状しなくてはなりません。

死を望んでいるのに死なせてはもらえない延命行為があるように、もう亡くなっているにもかかわらず、死が認められない現実。

もしかして、おひとりさまであるならば、自分自身がそれに当てはまってしまう可能性だってある。そのことも、おひとりさまであるならば覚悟しておく必要がありますね。

けれど、自分自身は旅立って、いわば、現代の社会的な諸々の拘束や制限から離れられて自由になったのであるならば、それはどうでもよいことなのかもしれないと。

おひとりさまは、血縁とも地縁とも無縁ならば、社会慣習であるお葬式とも無縁、お墓とも無縁。

それこそ、「無縁仏となるのは本望！」と、粋《いき》がってみようかと私は思ってしまいますが。

だって、死者が生者《せいじゃ》を煩わさずに済むのがおひとりさまの最期だと思うから。

だって、生きている間に紡《つむ》いだ意識の縁はずっとあり続けると思うから。

けれど、これは、あくまでも私個人、どこまでも、やましたひでこの幻想、いえ、死生観であることを、最後にお断りしておきましょうか。

さあ、おひとりさまであるあなたは、どんなふう思い考えるでしょうか。

そう、今、おひとりさまではないあなたは、どんなふうに感じるでしょうか。

あとがき——意識の縁に感謝を込めて

いずれ、誰もがおひとりさまになるのであるならば。

いえ、違いますね。

血縁という概念
地縁という概念

これを手放してしまえば、今は誰もが皆等しくおひとりさま。

そう思うと、おひとりさまであることを、
自分の人生にどう機能させていくかが勝負どころなんですね。

血縁に囚われることなく、
地縁にこだわることなく、
自在に生きる。

いち早くおひとりさまの利点に気がついたのならば。
あなたが、この本を読むことによって、
少しでもおひとりさまを楽しむことができたのなら。
著者である私やましたひでこは、どんなに嬉しいことか。

そう、今、私たちが住み暮らす社会は、
そう、今、私たちが生きるこの時代は、

血縁も地縁も、あっさりと凌《しの》いでしまう新たな構造で、
大きくて広い立体的な蜘蛛《くも》の巣というネットを、
時間を問わず、距離を問わず、
自由に往来ができるのです。

あなたのネット上の発信は、
あなたの与《あずか》り知らない場で、
あなたの与り知らない人が、
かならず受信してくれるはず。

それが、すなわち、意識縁。

そして、あなたが素直に自然に、
臆《おく》することなく、
ためらうことなく、

自分を開いていけば、
その意識の縁は、必ず、現実界でのご縁となって展開していくのです。

だとしたら、
あなたが、ひとり暮らしであろうと、なかろうと、
そんなことは少しも関係がなく、
あなたは、いつでもどこでも、
豊かな人間関係の中に身を委ねることになるのです。

あなたの意識は、
あなたと同じ意識の仲間と繋がるためのホットライン。

だから、間違っても、匿名性《とくめいせい》を盾《たて》にしてネガティブで攻撃的な発信をしてはならないことは言うまでもありませんよね。

そうですね、あなたが気持ちよくあれば、
きっときっと気持ちの良い仲間との出逢いが現実に果たせることになるでしょう。
そう思うと、もう、ひとりを恐れることはなにもないと思いませんか。

有難うございます。

この本を手にとって下さったあなたとの意識の縁に、ありったけの感謝を込めて。

2023年9月

やましたひでこ

やましたひでこ
断捨離®提唱者。一般財団法人 断捨離®代表。早稲田大学第一文学部卒。
学生時代に出逢ったヨガの行法哲学「断行・捨行・離行」に着想を得た「断捨離」を日常の「片づけ」に落とし込み、誰もが実践可能な「自己探訪メソッド」を構築。断捨離は、思考の新陳代謝をうながす発想の転換法でもある。デビュー作『断捨離』をはじめとする、著作・監修含めた関連書籍は国内外累計700万部を超えるミリオンセラーに。アジア各国、ヨーロッパ各国において20言語以上に翻訳されている。近著に『1日5分からの断捨離　モノが減ると、時間が増える』『モノが減ると「運」が増える 1日5分からの断捨離』（ともに大和書房）、『モノ・人・心の悩みが消えていく 断捨離道場』（講談社）、『光に遊ぶ 自在期 もうひとつのあなたの人生の舞台』（ビジネス社）などがある。現在は、自らプロデュースした指宿リトリート「リヒト」と東京との二拠点生活を実践している。

おひとりさまの断捨離《だんしゃり》

2023年11月10日　初版1刷発行

著　者　やましたひでこ
発行者　三宅貴久
発行所　株式会社光文社
〒112-8011　東京都文京区音羽1-16-6
電話　編集部 03-5395-8147　書籍販売部 03-5395-8116　業務部 03-5395-8125
落丁本・乱丁本は業務部へご連絡くだされば、お取り替えいたします。
印刷所　萩原印刷
組版　萩原印刷
製本所　ナショナル製本

ISBN 978-4-334-10096-4